JN076363

知謝塾 II

利他心の涵養

武田 英次 著

丸善プラネット

まえがき

平成24年4月に「知謝塾」を設立した。そして、令和元年6月、40回目を記念して『知謝塾』という本を上梓した。それから4年経って、今回（令和5年）65回目を記念して『知謝塾（Ⅱ）』を出すこととした。そもそも、知謝塾とは、広範囲な分野の賢者を呼んで1時間から1時間半くらい講演をしてもらい、その後、討論へ続く。普通の勉強会であるが、敢えて特徴を挙げるとすれば、非常に広い分野の専門家が講演者になっていること、また、筆者の会社勤務時代の仲間以外に私が住んでいる地域の人たちが聴衆になっている点であろう。まさに、多様性を地で行っているようなものである。

知謝塾を興した目的は、前回の本でも紹介したが、①企業や大学では得られない「知」の獲得、②「知」のイタレーションを通じて「現代的意味」を追求、③先輩、同僚、後輩、会社以外の仲間との「交流」の場の設定である。これは今でも変わらない目的である。70回ほどの知謝塾を通じて、講演者たちの経験や知識から多くの刺激を受け、自分の人生を何度も見直す機会を与えられた。

この本も前回同様、知謝塾の記録ではなく、知謝塾を通じて考えたブログの集大成であり、格好をつければ、心の叫びでもある。本文中でも触れているが、この4年間で、世の中は大きく変わった。コロナパンデミックス、ウクライナ問題、生成ＡＩ（人工知能）の出現等々と、複雑さを増している。解決策はあるのだろうか。

「知謝」の字が示すように、知（頭）だけでも駄目、謝（許す＝感謝＝心）がますます必要になっている。まさに、知謝塾が目指す「利他の心」が必須になっているような気がする。人生は悩みの連続であるが、与えられた逆境と苦悩を魂の成長の糧として歩む時、「人生の意味」がおぼろげながら分かってくる。この本が、高齢者はもちろん、若い人が人生の岐路に立った時に、ある種のガイドになればこの上ない喜びである。

令和５年10月

武田　英次

「知謝塾」講演会 講演者一覧（活動記録）

回	講演者	所属・肩書	タイトル	開催日
1	西垣 通	東大名誉教授	人間機械論	2012・4・14
2	神原 秀記	日立製作所フェロー	研究者の気高い欲望	2012・6・9
3	笠井 憲一	日立製作所元技師長	スパコン開発の意義	2012・7・28
4	伊東俊太郎	東大名誉教授	湯川秀樹の自然観	2012・9・15
5	竹内 薫	科学評論家	サイエンス・コミュニケータの意義	2012・12・1
6	紺野 登	多摩大学教授	ソーシャル・イノベーション	2013・1・12
7	武田 邦彦	中部大学教授	「正しい」とは何か	2013・3・30
8	横山 禎徳	システム・デザイナー	福島原発事故は「人災」である	2013・5・28

回	講演者	所属・肩書	タイトル	開催日
9	堀池喜一郎	NPOシニアSOHO三鷹創設代表	新機軸を起こし続ける「志事力」	2013・8・24
10	武田　英次	知謝塾塾長	創造的に生きるとは	2013・10・19
11	西垣　通	東大名誉教授	客観知vs主観知、ネット社会	2013・11・23
12	伊東俊太郎	東大名誉教授	創発自己組織系としての自然	2013・12・28
13	藤原　作弥	ジャーナリスト	生涯一ジャーナリストの心得	2014・1・25
14	横山　禎徳	社会システム・デザイナー	自分の生き方はデザイン可能か	2014・2・22
15	村上陽一郎	東大名誉教授	よりよく生きるための「教養」とは	2014・3・22
16	百々　立夫	東京映画社社長	映像の高知プロジェクト	2014・8・2
17	隈井　裕之	国立製作所社長	サラリーマンが起業するとは	2014・10・4
	久保　律子	シニアSOHO代表	素人からの挑戦	

18	宿利 章二	GENUSONS社	生涯現役を目指して—ベンチャーに生きる	2014・12・13
	佐藤 潤	Gnomons社	起業—スタートアップの発想	
19	西村 吉雄	技術ジャーナリスト	イノベーションについて	2015・3・14
20	原 祐	Menbers執行役	CSVによる会社運営	2015・5・30
21	名取 研二	東工大特任教授	理系の「知」をめぐって	2015・8・1
22	池田香代子	翻訳家	「私たちはどこから来てどこに行くのでしょうか」	2015・10・3
23	勅使河原純	美術評論家	魯山人の美と食の世界	2015・12・5
24	飯塚 哲哉	ザインエレクトロニクス会長	ベンチャーという挑戦—研究・創業・投資、未完の旅—	2016・3・12
25	角田 義人	元日立製作所専務	新事業の創生と起業家精神	2016・6・11
26	吉村 俊之	豊島屋本店社長	不易流行	2016・8・27

回	講演者	所属・肩書	タイトル	開催日
27	水石　賢一	元日立メディアエレ技師長	「知足安分」の宇宙原理	2016・11・5
28	矢野　和男	日立技師長	人工知能の次にくるもの	2016・12・3
29	丸山　瑛一	初代日立基礎研究所所長	科学技術の歴史から見た日本の役割	2017・3・18
30	山口　栄一	京大教授	イノベーションはなぜ途絶えたか—科学立国日本の危機	2017・5・6
31	岩崎　卓也	ダイヤモンド・クォータリー編集長	21世紀に相応しい日本的経営を考える	2017・7・22
32	山本　泰夫	筑波出版会特別顧問	新聞の栄枯盛衰　明治維新から現代まで	2017・10・7
33	武田　英次	知謝塾塾長	心の作法	2017・12・9
34	Pieter Franken	CTO at Monex Securities	The Power of Open Data	2018・2・18
35	須藤　恵美 高野まゆみ	みんなのみたか会長 江戸小噺笑い広げ鯛代表	地域活動の意味—再挑戦の人生	2018・4・7

36	寺前 祐司	トランジスタ技術編集長	技術者の幸せ空間創り	2018・7・28
37	福田 収一	東大名誉教授	大転換を迎えるエンジニアリング	2018・9・29
38	武田 英次	知謝塾塾長	心の作法（Ⅱ）	2018・11・10
39	牧本 次生	元日立製作所専務	半導体が変えた世界・変える世界	2018・12・15
40	伊東俊太郎	東大名誉教授	文明の変遷とその未来	2019・3・30
41	田代 民治	鹿島建設副社長	インフラの今後～ダムはムダか	2019・6・8
42	武田 英次	知謝塾 塾長	知謝塾―利他への軌跡	2019・8・3
43	高柳 克弘	俳人	本意を打ち返す芭蕉の発想法	2019・10・5
44	桂右團治	落語家 落語芸術協会初女性真打	人のホンネ	2019・12・28

回	講演者	所属・肩書	タイトル	開催日
45	津田　建二	国際技術ジャーナリスト	ITのメガトレンドとそれを支える半導体	2020・6・6
46	白木大五郎	企業リスク研究所代表	臨死体験と倫理の学びで得たもの～苦難福門・夫婦愛和	2020・8・29
47	山田　廉一	日本郵趣副理事長	切手の楽しみ―フィラテリーへの誘い	2020・10・17
48	広池　敦	日立製作所シニア研究員	「アルゴリズムとデータ構造」による音楽の作成と可視化	2020・12・5
49	北原　義典	東京農工大大学院教授	認知科学	2021・2・27
50	波多野睦子	東京工業大学工学院教授	ピンクダイアモンド量子センサの可能性	2021・4・17
51	長澤　純一	福岡県元副知事	街道の歴史と歩く旅の魅力	2021・6・26
52	牧　敦	日立製作所主管研究員	心に響くデザイン―脳機能計測から脳科学応用まで	2021・8・28
53	工藤　真	日立Astemo工学博士	たかが蝶、されど蝶	2021・10・16

54	武田 英次	知謝塾 塾長	「中庸」が語ることネガティブ・ケイパビリティ	2021・12・18
55	堀井 洋一	日立製作所 主幹技師	持続可能社会への転換（SX）に向けて、プログラマーにできること	2022・2・5
56	高野 公史	HGST Jaoan（WD）代表取締役	変化をドライブするリーダーシップ	2022・4・16
57	久本 大	日立製作所中央研究所	私におもちゃ箱	2022・6・25
	並木富士子	日本ラグビー連盟関東地区理事	自宅で出来るフレイル予防運動	
58	松岡 秀行	日立東大ラボ長	日立東大ラボの取り組み	2022・8・27
59	水谷 巽	元日立製作所	退職後の人生 病の前と後でどう変わったか	2022・10・22
60	武田 英次	知謝塾塾長	心の壁	2022・12・10
61	河野 通長	（株）ミチクリエイティブシティデザイナーズ取締役社長	スマートシティをめぐる国内外の動向	2023・2・18
62	手嶋 達也	日立製作所研究開発計画主任研究員	軍事・戦史に学ぶ研究開発計画	2023・4・22

回	講演者	所属・肩書	タイトル	開催日
63	太田　憲雄	筑波大アソシエート元日立製作所中央研究所	今は天文学の大発展期	2023・6・17
64	武田　英次	知者塾　塾長	憧れることは卒業しよう	2023・8・19
65	郡司ペギオ幸夫	早稲田大学教授	創造する・外部を受け入れる	2023・10・21
66	桑原　裕	(株) GVIN代表取締役CEO	英国で大きな影響を受けた人たち	2023・12・16

目次

序章

時代は大きく変わろうとしている。令和元年に『知謝塾』を上梓してから4～5年くらいしか経っていないのに、立て続けに100年に一度くらいの大きな事件や出来事が起きている。まず、新型コロナウイルス感染症、地球温暖化といった人類の生死に関わる地球環境問題。これは、「人新世」時代を特徴付けるものとなっている。「人新世」とは、人間の活動の痕跡が地球の表面を覆い尽くした年代という意味で、ノーベル化学賞受賞者のパウル・クルッツェンが名付けた名前である。また、コロナ禍から始まった、Zoomを始めとしたオンライン会議は働き方や資本主義の在り方までも変えようとしている。

また、核戦争も現実化しそうなウクライナ・ロシアの戦争、これは冷戦終焉後の国際協調の時代から大国間対立の時代への転換とも言える。それに最近は中東、アフリカなどいわゆる「グローバル・サウス」といった中立国の影響も無視できなくなり、世界は多極化している。長期的には、西側の優越性は後退する可能性も高くなっている。

さらに、ＡＩ（Artificial Intelligence：人工知能）の進化は止まらない。ＡＩは第三次ブームを迎え、ビッグデータを利用した深層学習（deep learning）の威力は、「ＡＩは使える技術」として生活や社会のあらゆる分野に浸透しつつある。その根底にある技術は、生物の神経細胞（ニューロン）の働きを模倣した数学モデル、ニューラルネットワーク技術やベイズ理論という確率論の一分野、統計的推論の技術である。特に、将棋や囲碁のようなゴールが決まったものは人間の能力を既に超えている。

そうこうしているうちに、令和4年の10月頃に対話型AI、ChatGPTが出現した。この技術は、大規模な自然言語処理モデルを用いており、自然言語理解と生成を行うことができる。アーキテクチャは、深層学習を使用してトレーニングされたニューラルネットワークである。これらの技術によって、幅広い入力を理解し、人間が生成した応答と区別するのが困難な会話も可能になっている。AIは新しいフェーズに入ったと言ってもよいだろう。第4次ブームという人もいる。「汎用AI（強いAI）」が実現でき、カール・ツァイスが予言した「シンギュラリティ（AIが全人類の知性を超える）」は2045年までに実現できるのであろうか。

「深層学習の父」と呼ばれているジェフリー・ヒントンの言葉は参考になるだろう。「AIが今よりも高度な知性を得るには、ソフトウェアが人間の脳のように複雑なものへと発達しなければならないと信じていた。しかしこの考えは間違っていることが判明した」と。要するに、ヒントンは、AIアルゴリズムが大きくなっていくにつれ、数年以内に、創造主である人間たちを凌駕する可能性があると結論付ける。つまり、人間と同じような〝脳〟を作らなくても人間らしい振舞いをするロボット（見方によっては、遜色ないもの）は作れる可能性が高いということである。そして、技術の進歩（半導体とアルゴリズム）によって感情を持っているように見えるアンドロイドが実現するというのである。今やAIは現実を認識・理解するための代替的手段（人間に代わる）になりつつある。人間の合理的な思考による「認知や理性」の網から漏れたものをＡＩが掬い上げるだけでなく、ＡＩ独自の「認知や理性」の網を提供していることである。

ＡＩは人間が生きてきた物理領域に、新たなデジタル領域を追加し、人間の合理的知性が現実の現象の唯一の発見者、理解者、記録者であるという地位を危うくしている。新たな時代が始まっていると言っても過言ではない。ＡＩ独自の認識空間からどのような創造性が生まれるか興味は尽きない。さらに、過去の歴史から鑑みると、ＡＩ時代には、デカルトやカントといった新たな哲学者が必要になるだろう。

現在の人間の合理的知性の源泉・方法論は、17世紀の科学革命に負うところが多い。この科学革命の思想的バックグランドはデカルトによってもたらされた。彼は次の三つのことを提案している。

第一は、自然を人間と対比・対照化して機械と見做す、「機械論的自然観」であり、人間と自然の「相対二元論」の提案である。「思惟」する人間との対比で自然を捉え、物体の本性を長さ、幅、深さからなる「延長」と考える。そこでは自然の持つ生命原理は捨てる。一方、これが現代の「環境破壊」「資源枯渇」「SDGs」の問題につながっていることも事実である。

第二は、「要素還元主義」の提案である。「機械」の延長であるモノをギザギザに刻むと原子・分子になる。生命や意識を取り除いて、形、大きさ、運動だけを持つ微粒子の集合というように自然を「還元」する。この考えがニュートン力学や、物質とは何かを解明するキャベンディッシュラボのラザフォードの実験手法（アルファ粒子を高速でぶつけ、飛び出してくる粒子の性質を調べる）にもつながっている。しかし、全体を要素に還元しても、全体の姿は分からない。何故なら全体は要素の集合ではないからである。簡単な生命体であるアメーバさえ合成できない。このことを考えると要素と要素との間からすり抜けている何かがある。

第三は、「因果論」の提案である。これは全ての現象（結果）には原因があるという考え方である。今の物理学や化学理論の基本になる考え方である。近代科学もこの手法で発展してきた。しかし、現在では、量子力学や複雑系では厳格な因果関係が成り立たなくなることも分かってきている。むしろ、確率や統計的手法の方が重要になっている。ＡＩにおいてもベイズ理論を始めとして、確率的・統計的手法を用いている。

先にも少し述べたが、17世紀の科学革命の知性の網からすり抜け、捨象されたものは生命原理や心の問題である。生命や心の問題は複雑で実験や観察等によっては解明できない。デカルトが言った「我思う故に我あり」は、「確かではないと認められるもの（疑う余地があるもの）をどんどん捨てていく」という意味でもある。つまり、見えるものだけが真実・本質であるという考え方である。逆に、今は「見えないものに本質が宿る」という考え方が主流である。逆説的である。

特に、心の持ち方が重要になっている。「該博な知識」だけなら、もはや、人間はＡＩにはかなわない時代を迎えている。「知識」が人間の価値でなくなると何が価値になるのであろうか。自分の知的成長（外的成長）から精神的成長（内的成長）が重要になってくる。人間の価値は、知識量や社会的地位といった外的成長ではなく、「人は何のために生きるか」「人間の生きる意味」等の「深い問い」に答えられる内的成長（心の成長）に移ってくる。この本の副題である「利他心の涵養」もその一つである。これがなかなか難しい。

我々は自分と他人を比較してささやかな優越感を得たり、富やカネをさりげなく自慢したり、虚栄心から調子に乗って自分を飾りたてたりする。愛するものがあれば相手からの愛をも要求するだろう。他人に対する優越感の確保、地位や富の獲得、愛の対象を手に入れること、これこそが「生の充足」だと思っている。これが外的成長の考え方であり、その虜にほとんどの人が陥る。何故だろう。このブログでもかなりの領域を割いてこの心の問題について述べている。「心の二層構造」の問題である。

「心」は二層に分かれていて、一層目は、普段我々の考えを司っている領域で、他人と比較して嫉妬したり、勝ち負けに拘ったり、出世のことを考えたり、強いて言えば、「自分ファースト」の世界を牛耳っている場所で、「自我」を支配する領域である。仏教では煩悩を支配するところとも言われている。また、合理的思考や効率的思考を重んじる領域、つまり、今流行りの「AI」が得意とする分野で、この領域の「心」と大脳皮質のキャッチボールによってこれらの合理的思考は行われている。簡単に言えば、「学校秀才」で、試験で素早く高得点を獲得する能力を支配している領域である。

一方、二層目の心を「こころ」と表示する。この「こころ」の領域は一層目と表裏一体となっており、「無心」「無我」の心の状態を支配するところである。結論を先に言えば、この「こころ」領域で思考すると、「自我」や「煩悩」がないので「正心」の状態が保たれており、バランスが取れた正しい判断が行われる。また、自分よりも「他人ファースト」の世界を志向する場所でもある。この「こころ」の場所は無我であるので、直観力や創造性を涵養する領域でもある。つまり、煩悩に邪魔されない真の「自分」が現われてくる。一流と言われる創造的な人間は、この「こころ」の領域の深淵を覗いた人たちである。

二層目の「こころ」の領域を獲得するには、大きな挫折を経験し、自分は「何のために生きているのか」と、「人生の意味」を何十回も自問自答した後に訪れると言われている。失敗や挫折というマイナスをただ素直に受け入れ続けていくと、マイナスと思えた出来事が大きくプラスに転じることがある。「そうか、そういう意味があったのか」と。その瞬間に「こころ」の領域に達するのである。また、常に「無心」の状態で利他的な活動をしている時にも経験する。ゴルフ等のスポーツで、やることなすこと全てが上手くいくゾーンに入っている状態も二層目の「こころ」の状態である。

ブログでも紹介したが、東京２０２０オリンピックで金メダルを獲った柔道家の大野将平選手の言葉「弱さを経ない強さなんて、ない」は考えさせられる。この弱さとは「勝とう勝とう」とする勝敗にこだわる一層目の心の状態である。オリンピックのような大舞台では緊張して実力を発揮できず負けてしまうことがある。しかし、そのような苦い経験をすることにより、心の二層目に到達できるのである。そこでは「忘我」の状態になり、勝ち負けの心の葛藤（弱さ）を越えた先に、本当の勝ちにつながるのである。

序章としては少し長くなったので、詳細はブログに譲りたい。この本で紹介したブログに通底しているのは、二層目の「こころ」「利他心」をいかに獲得するかというテーマである。最後に、自分の人生を意味あるものにする、複雑で変化の激しい世の中の一隅を照らすのも「利他心の灯」であることを付け加えておきたい。

第一章　コロナがもたらしたもの

「利他心」がなければ人類が滅ぶ

今世紀最大の危機と言われている新型コロナウイルス感染症の問題はいろいろなことを教えてくれている。この問題について世間で言われている言葉は次のようなものであろう。

「歴史の曲がり角」「資本主義の終焉」「全体主義的監視か、市民の権限強化か」（『サピエンス全史』のユヴァル・ノア・ハラリ）、さらに、ランダムに列挙すると、強欲資本主義の歪（格差問題等）、自国ファーストの歪（ポピュリズムやナショナリズム）、経済偏重の歪（拝金主義）、さらにはＡＩによる統治の問題にまで話は及んでいる。突然何故この新型コロナウイルスが人類に襲い掛かってきたのか。偶然とはいえ、何か必然性があるように思える。この世で起こることには必ず意味があると、誰かが言っていた。

今回の新型コロナウイルスの問題は、いかに感染を制御するか、それに伴う経済問題とのトレードオフをどうするのか、といったメディカル技術や政治・経済問題だけではないようだ。結論から先に言うと「利他心がなければ人類が滅びる」という命題を突き付けている気がする。

利他心とは平たく言えば、「他人の幸せを第一に考える心や行動」である。普通は、利他心といっても他人事で、余裕があれば他人のことを考える「徳」を身に付けたいと思う程度である。定年後に何もすることがないからボランティアでもやるか、と思って始める人が大部分であろう。また、ボランティアという言葉を使うことに、少し優越感や格好よさを感じながら行動しているのが普通で、本当に他人のためと深く考えている人は少ないと思う。所詮、暇つぶしにすぎないと。建前は「利他」、本音は「利己」が大部分の人間の考えではないだろうか。所詮、先立つものがなければ何もできないと。

しかし、今回のコロナ禍が突き付けていることは従来とは、180度異なる考え方の必然性である。まず自分がウイルスに罹らないことが重要（自分ファースト）。次に、罹った場合には他人にうつさない慎重な行動が求められる。これが従来からの常識的な考え方であろう。

一方、今回は、もちろん、自分が病気に罹らないことは重要であるが、それ以上に、他人にうつさないことが求められている（他人ファースト）。何故か？　今回のウイルスは感染力が強く、他人にうつすことにより、感染爆発が起きる。そうすると、人類崩壊の危機が訪れるからである。他人ファースト、つまり他人にうつさない行為が最も重要になる。これほど、他人ファーストの重要性を示している例はあまりないだろう。利他心は単なる人生を豊かにする「飾り」ではないことを主張している。まさに、他人のためにすることが最後には自分のためになるというパラドックスである。

上述のハラリ氏もこのウイルスに対処するには、国家間の対立ではなく、協力関係の構築の重要性を述べている。また、1996年に発見されたミュラーニューロンは、脳に存在し、他者の行動を理解し、感情に共感・共鳴する能力を担っている。もともと、人間には利他的遺伝子は存在するのである。文明の発達により、その遺伝子の発現が隠されているだけである。
今回の新型コロナウイルスが人類や社会に何をもたらすのか、現時点では分からないが、大きな変化が生じることは間違いない。このように、地球的惨事を繰り返し経験しながら、人類は価値観を変え、生き延びてきたのではなかろうか。「創造する人間は絶えず危機の中に身を置いていなければならない」（詩人坂村真民）という言葉もある。「人生で起きることには必ず意味がある」という箴言を信じたい。「利他心」が新しい時代の価値観になることを期待したい。

神の試み（『坂村真民一日一言』より）

人間が
真の人間になるために
いくたびかの試みに
会わねばならぬ

試みには
神の試み
悪魔の試みがある

いずれにしても
いくたびかの試みにあって
初めて人は本ものになる

（2022年4月）

「With コロナ」の考え方

「with コロナ」という言葉が流行っている。簡単に言えばコロナと一緒に生きていきましょうという意味だ。つまりコロナとの「共生」である。コロナと徹底的に戦うというよりも、罹らないように注意しながら「New Normal＝新しい日常生活」を遂行して、経済生活も並行してやりましょうと。経済界の方も、「リアルとリモート」の二本立てで進もうとしている。会社に出社するのも週2〜3回くらいにして、今までの仕事のやり方を変えようとしている。果たして、どのような社会になるのであろうか。

一言で言えば二律背反的なものの両立が必要になっているということだと思う。リアルとリモート、経済と安全、人間とＡＩ（人工知能）、密と疎等々、挙げればきりがない。政治の世界も資本主義と社会主義、自由社会と管理社会（全体主義国家、強権国家、監視国家）。今度のコロナ問題は、今まで自由主義陣営では常識と思われてきた事柄を考え直し、疑う機会を与えている。

欧米で感染の爆発的拡大が生じる中で、4月に中国武漢市の封鎖が解除された。これを見て、「強権国家が人々の権利やプライバシーを犠牲にして対策に当たれば、国民は安全を得ることができる」と考える人も多いだろう。「自由と安全のどちらをとるか」「規律によって統制される中国型が良いのか、それとも個人の自由とプライバシーを最大限に尊重する社会が良いのか」と国家体制の問題にも発展する。「中国脅威論」もその一つだ。しかし、このような二者択一の考え方もアフターコロナでは通用しないであろう。

『インクルーシブ・グロース（包摂的成長）』というブログを書いた。包摂性とは、「マイノリティ」や「違い」が価値の源泉になり、「多様性」が新たな意味を持つ時代という意味で、違う意見や考えも包摂する価値観である。どんな人も取り残さないと。この「インクルーシブ」な考え方としては一般論としては賛成であるが、もう少し深掘りしてみてはどうだろう。

大森荘蔵という哲学者がいた。彼は「重ね描き」という思想を提唱した。本来は非常に難しい哲学であるが、それを上手く利用して、生物学者の中村桂子は、「密画」と「略画」の重ね描きの重要性を述べている。「密画」を描く時に「略画的」世界観を忘れないと。意味は「科学（密画）は常識（略画）に密着したより精しいお話」である。科学者は専門家であるだけでなく、生活者、思想家であることを忘れないようにと。

この「重ね描き」の考え方は、弁証法でもなく、単なる二律両立でもない。一見、二律背反する命題を重ね描きし、時代の炎であぶり出してみた時に何が浮き上がってくるか。浮き上がってきたものがその時の解になるだろう。これは単なるバランス感覚ではない。もちろん、国や個人の価値観にも影響を受ける。しかし、イデオロギー的に一方向に引っ張っていく時代でもない。「密」を追求して成り立っていた資本主義も「リモート」を導入しなければならなくなっているのが現実。鄧小平の「白い猫でも黒い猫でもネズミをとってくるのがいい猫だ」という言葉は、今の中国の繁栄を支えている。イデオロギー一辺倒の考え方を捨てた瞬間である。共産主義と資本主義の「重ね描き」⁉

アフターコロナの「ニューノーマル」について多くの議論がある。私は三つくらいのことを考えている。

一つ目は、米中の覇権争いが激化しているが、最終的には「自由社会か、管理社会か」の選択だと思う。人間は『自由からの逃走』（E・フロム）が喝破したように、自我が確立していない自由は孤独や無力感にさいなまれ、新しい束縛を求める。これがナチズムの台頭を許したわけであるが、今回のコロナ禍がもたらした、リモート社会、「疎」のコミュニケーションは、個人に表面的な自由を与えるが、周りに誰もいない孤独感を味わうことになるであろう。その心の孤独に耐えられるか。何かが入り込んでくるであろう。

二つ目は、日本型政治や経営の基本であった、村社会、忖度政治、調整型管理等々、集まって、仲間の利益を追求する組織経営は少しずつなくなり、本当の実力社会が到来するであろう。Zoom で会議をすると自分の意見を持たない人の存在感が薄くなることを経験している。リモートでは上司の顔色を見ながら「上手くやろう症候群」は通用しない。しかも、上司の実力も白日の下にさらされてくる。人間の本質が見えてくる。

三つ目は、心の問題である。上記の二つはどちらかというとギスギスした人間関係をもたらすだろう。その時重要になるのは、離れた相手に対しても分かる利他の心である。今度のコロナがもたらしたものは数回ブログでも指摘したように、利他性がなければコロナウイルスの拡散は抑えられないということである。この利他性がアフターコロナの価値観になると思う。資本主義も社会主義も利己性（自分さえ良ければいい）によって成り立っていたと言っても過言ではない。リモートによって生じるフィジカルな疎と心の疎を救うのは利他心しかない。利他心によって、「離れていても密」の感覚を味わえる。「重ね描き」的思考方法を取りながら、もうそこに来ている新しい時代を楽しみにしたいと思う。

（2020年5月）

コロナ禍があぶり出したもの

コロナ禍があぶり出したものは何であろうか。

ブログ「「利他心」がなければ人類が滅ぶ」で述べたように、「利他心」の重要性である。「自分が病気に罹らないことは重要であるが、それ以上に、他人にうつさないことが求められている（他人ファースト）。何故か？　今回のウイルスは感染力が強く、他人にうつすことにより、感染爆発が起こってくる。そうすると、人類崩壊の危機が訪れるからである」「他人にうつさない」（実効再生産係数R0＜1）が求められる。他人のことを考えなければ逆説的に自分が死ぬのである。しかし、これが非常に難しい。未だに、自分の欲望に負けてパチンコ屋に遠方から通う人を見ると悲しくなる。本質的に人間は、大部分が自分ファーストである。それを克服していく努力が人間を大成させる。

また、新型コロナウイルスの特徴は、特定の人を狙うのではなく、ある意味、公平で無作為に襲いかかる点である。今までの社会的地位や権威、権力者、財産に関係なく、しかも、国境さえ認識しない。別の言葉で言えば、世俗的価値（地位、金、名誉）は通用しないのである。私の女友達が次のように述べていた。

「現在の状況を大きな変換の時だと楽しみに思えれば、楽しみな未来が訪れる。私の視点から言えば、地球温暖化が進み、子供や弱者の声に真剣に耳を傾けてくれなかった力を持った人たちをある意味、いい気味だと思って見ている。子供たちに聞けば、どっちが良いか悪いか分かる話をお金や権力のために複雑に考えて進化？　してきた社会が、今、手と手を取り合って地球のことを真剣に考えないといけない時が来たのだ。国境や法律をも乗り越えて、急いで地球人、いや宇宙の一部として自然を大切に生きていかなくてはいけないのだと言うメッセージだ。莫大な金額の武器や軍備をしても助けられないというジレンマ。戦うことでしか進んでこなかった人類史上初めての事態。愛こそが武器になる素晴らしい崩壊がなされているのだ。」すごいメッセージだと思う。冷静に見ている人はいるものだ。

米国の元国務長官ヘンリー・キッシンジャーも、「個別の努力だけでは限界がある。世界的な協力が伴わなければならない。新型コロナウイルスで世界の貿易と自由な移動に依存する時代に、時代遅れの『障壁の時代』がよみがえる恐れがある。米国は啓蒙主義の価値を守り、維持する上で先頭に立たなければならない」と述べている。

しかし、このような時期に、にわか「評論家」が出てきてメディア等を賑わしているのはある意味微笑ましい感もあるが、シミュレーション上、重要な数値や感染においてどういう仮定をしたかの簡単な説明はない。出てきたのは実効再生産係数だけである。繰り返し叫ぶのは「三密」と「自粛」、そして「感染者数の上下」で国民は一喜一憂している。特に日本は、外国と比べて、本当の「専門家」という人間の声が少ない。何を恐れているのだろう。結果的に責任を取るのを恐れているのだろうか。現実の問題に自分の学問的見識をぶつけて、検証していくプロセスこそが本来の学問の在り方ではないか。それができなければ、自分を安全地帯に置いて高邁な議論をする「口舌の徒」と言われても仕方がない。そうすると大学紛争の時に問われた「学知と現場実践の乖離」の問題がムクムク頭をもたげてくる。いくら高邁のこと（学知）を言っても行動（実践）が伴わない学者が多い現実があぶり出されてくる。

さらに、「識者」なる人物が登場し、したり顔で、利他だ、共生だ……と声高に叫び、気が付いたら自己アピール（自分ファースト）でしかないという滑稽さが現われてくる。利他性の重要さを叫びながら、利己性でしかない自己矛盾に気付かなければならない。弱者に寄り添い、他者を助けるという利他性を発露する場は、自分の学識、見識をアピールする場になっている。これが普通の人間の本性なのであろうか。

上に挙げた例は、今回のコロナ禍があぶり出した一部にすぎない。どんな新しい時代、新しい社会、そして新しい経済体制がもたらされるか興味がある。いろいろ議論されているが強いて言えば「評論家」「識者」に任せておけばいい。失礼だが、当たったためしがないから。この問いは人類の叡智を越えているから想定外のことが起こってくるだろう。起こった後からまことしやかな解説をするのが「評論家」であるから。このことは歴史が証明している。

むしろ、我々は、コロナ禍は「我々一人一人の足元にどのような問いを突き付けているか」（ヴィクトール・E・フランクル）を真剣に考えなければならないだろう。おそらく、価値観の変革を迫っていると思われるが。

（2020年5月）

住み難き世の中を迎えて

コロナ禍は長期戦の様相を見せている。マスクをして、オンラインの仕事や授業もニューノーマル（新日常）として定着しつつある。次は経済と健康の両立だ。Go To キャンペーンと自粛の両立。最近はワーケーション（work and vacation）という言葉も流行っている。そういえば、ワークライフバランスみたいな言葉も流行っていた。しかし、いつも議論は二者択一で、第三の議論や見方がない。そこを辛抱強く考えていくと新しい視点が生まれてくるのだが……。

新型コロナウイルス感染症対策分科会の議論にしても、経済の専門家と感染症の専門家が、政府への忖度なしにそれぞれの立場で徹底的に議論した方がいいという意見が多くある。一見、正論であるが、それでは議論は深まっていかないと思う。むしろ、経済の専門家も感染症のリテラシーを持って、経済を見る。感染症の専門家も経済の知見をある程度持って議論する方が建設的な議論が行われると思う。二者択一の議論では政治家の思う壺で、「専門家の意見を聞き、政治判断をした」と一件落着となる。出来レースである。

このコロナによって新しい考え方が生まれてきていることも事実である。密集・密接、都市化によって、効率化を追求してきた資本主義も早急な再考を迫られている。また、コロナを抑えるには、自由主義体制よりは全体主義体制の方がいいのではないかという議論も出ている。「新型コロナはファシズムを呼ぶか」（保坂正康）と。

アフターコロナに向けた建設的な意見を期待したいが、紋切り型の議論ではない、細部に拘った議論が欲しい。特に、「人間の心」の問題に光を当てる必要があると思う。

さらに、非常事態が生み出す「憎悪」と「差別」の問題も深刻だ。特にこの数年、文春砲ではないが、不倫や離婚等に関するいわばプライベートな問題を、完膚なきまでに打ち負かす風潮はどうかと思う。名前が出ないSNSがこの風潮を助長し、つい最近もある女性プロレスラーを自殺に追いやったニュースは記憶に新しい。これは単なるフラストレーションの捌け口を求めているだけである。コロナによる「感染者狩り」の言葉も聞くだけで吐き気がする。

三砂ちづる津田塾大学教授著作の『自分と他人の許し方、あるいは愛し方』の中の「恋も愛も越えた」の章で、「結婚や、同居だけが共に生きることではない。寝ることだけが目的ではない。アイ・ラブ・ユー、バット……の関係を持ち続けることこそが豊饒に見えてきたりする」という件があるが、このバットこそ、時間のファクターやマルチな視点を与えてくれると思う。短絡的感情のカタルシスでは豊饒な結論は見えてこない。

村上和雄筑波大学名誉教授は、コロナ禍がもたらした新しい世界観について、次のように述べている。「ネガティブな事柄に憤りを覚えたとしても、その真偽をよく調べてみる、ポジティブな捉え方はできないだろうかと考えてみる、地球や歴史を俯瞰する目で見る必要がある」「本当に役に立つことを見分け、選択する力が養われる」と。二者択一の格好いい議論では太刀打ちできない時代になったと言える。
私は「ネガティブ・ケイパビリティ」という知謝塾ブログを書いたことがある。ネガティブ・ケイパビリティとは「どうにも答えの出ない、どうにも対処しようのない事態に耐える能力」、また、「性急に証明や理由を求めずに、不確実さや、不思議さ、懐疑の中にいることができる能力」と解説されている。今、コロナ禍において我々に求められるのは早急に結論を出すのではなく、種々の角度から検討する能力、考え方が熟する時間を待つ能力、「ネガティブ・ケイパビリティ」ではなかろうか。大脳皮質だけで考えて合理的な結論を出そうとしても、二項対立を超えた第三の案は出てこないだろう。

（2020年8月）

人生はパラドックス（逆説）で動く

私は常日頃、人生はパラドックスで変わり、そのパラドックスで覚醒されると思っている。今回のコロナ禍は、人間の本能である自分ファースト（利己心、自己防衛、自分さえ感染しなければよい）の考え方では自分さえも守れない現実をまざまざと見せつけている。他人にうつさないこと（利他心、他人ファースト）が、最終的に自分が守られるという逆説である。また、このブログでも数回述べてきたが、自分の幸福をひたすら追い求めても、幸福になれずに、逆に、自分を忘れる（忘我）ことや利他の状態になった時に幸福になるという「幸福のパラドックス」がある。忘我になって初めて自分が救われるという逆説である。童話にある「幸福の青い鳥」を追い求めて、未来や過去を旅しても青い鳥は見つからず、見つかったのは現実の日常生活や心の中であったという逆説。

つまり、合理的、目的的に考えてもすんなりとその通りには進まず、必ずと言っていいほど、不合理、無目的、挫折を通らなければ達成されないという逆説である。例えば、合理的に考えたと思っても、それは表層的考えで、一旦、不合理と思われる考え方をして、物事を深く見つめ直す必要があり、しかる後、合理的考えに至らなければ本当の合理性には至らないということである。何やら難しいことを言っているようだが、創造性に関して、湯川秀樹氏も次のように述べている。「創造的活動の中で一番大切なのは、ある観点から見て不合理と思われる事柄の奥底にある合理性を見つけ出すことである。……はじめから合理性のはっきりしているような対象ばかり扱っている限り、一番大きな創造力の発揮される機会はないのである」と。

同じように、合理的、目的的に行動してもなかなか目的が達成されず、むしろ非目的的に行動することにより、目的が達成されるという逆説がある。

それでは何故そのような逆説が生じるのであろうか。私は次のように考えている。人間の心（考えるところ）は三層に分かれている（と仏教では言われている）。一番外側（表層部）は、自我を司る部分で、自分ファースト、合理性、整合性等々の論理的思考を主に行い、大部分の人はその領域と会話をしながら自分の考えをまとめていく。ここでの考え方の根幹は小我、自我の価値観である。その内側にはＤＮＡや過去の「業＝カルマ」から発せられる考え方が支配的である領域がある。さらにその内側に本来の自分（真我＝真理）を示す領域がある。ここでの自分との会話は真理に基づくもので、大我（他人ファースト＝利他）の価値観を有している。我々は、大概、表層部の領域で考え結論を出そうとする。一見、合理的、整合的で辻褄があっているように感じるが、本当の解に至らないことが多々ある。何故か。それは表層的、利己的な整合性だけで論理を組み立てているからで、一番内部にある領域、真理、大我の価値観に辿り着いていないからである。しかし、そこに辿り着くには、自我が支配する表層部やその内側にある過去の業が支配する領域の殻を破らなければならない。殻を破るためには、敢えて、不合理、不整合や利他の考え方をする必要がある。あるいは、挫折したり、失敗したりして、自ずと今までの価値観を変える必要がある。そのような経験を通じて初めて、真理を司る第三の領域に辿り着く。まさに、パラドックスである。新しい価値観や真理に辿り着くにはこのプロセスが必須である。

ここから、少し、パラドックスの例を挙げてみよう。

『夜と霧』の著者で有名なヴィクトール・E・フランクルは、「人生の意味はこちらからは問うことはできない。常に人生から問いかけられている。だから、私たちが成すべきことは、足下に常に送り届けられている「意味と使命」を発見することだ」と。また、夏目漱石の『夢十夜』の中で、名工と言われる人間が、「眉や鼻が木の中に埋まっている。それを鑿の力で彫り出しているだけだ」と述べている。さらに、小林秀雄も「人間が歴史を解釈するのではない。歴史が人に自らの姿を開示するのだ」と。つまり、俺が俺がとか、俺の力で、という自我が強い（上記の表層部の小我に留まっている）状態では真理や創造力を掴めない。逆説というワンクッションが必要になる。

「仮装した祝福」という言葉がある。英語では「A blessing in disguise」という。一見不幸に見える出来事も仮装しているだけで、実は天の祝福・恩恵であるという考え方である。今まで順調に来た人生が、突如として、降って湧いたような不幸や挫折にみまわれる。「何故、俺が……」と悩み苦しむ。これが人生の逆説である。この逆説により、今まで信じていた価値観が問い直され、「人生の彩」といった軽いものではなく、初めて「人間が生きるとは何か」という人生の深淵を覗き見ることができる。そして、この苦しみに耐えて、これを乗り越えた時、必ず、その人を大成せしめる。

「苦悩とは天の意思である。苦しめば苦しむほど人格は深くなり、その深まりと共により人生の秘密（真理）が読み取れる。苦しみと悲しみが深くなければ真実の人生を味わうことができない。苦痛とは「成長」のことである」と（禅宗僧侶鈴木大拙）。

「聡明叡智、これを守るに愚を以ってす」という箴言がある。「知」の行きすぎや「知」を守るために、敢えて不合理な「愚」を使う。自分の意見（知）を通すためにはバカになれという意味だろう。「起承転結」という言葉もある。この「転」がパラドックスである。「転」があることにより、人生やストーリーが深まっていく。「不幸のように見える幸福、幸福のように見える不幸」（末盛千枝子）、このような逆説を経験することにより、表層的でない、より深い人生を味わうことができる。

「目的手段的合理性」の領域では人間は機械（ＡＩ：人工知能）には勝てない。人間は「不合理の合理性」という逆説を持つことができる。ＡＩにはできない領域である。これこそが人間に本質的な価値観を与えていると思う。

今回のコロナ禍は人類にとっての逆説である。この逆説が今までの生活様式や価値観を変えることは間違いないだろう。人類にとって良い方向に変わることを期待したい。

（２０２０年５月）

第二章　ＡＩの時代

ＡＩについて考えていること

生成系ＡＩ（Artificial Intelligence：人工知能）を始めとして、最近のＡＩの進歩は目を見張るものがある。それとともに、人間との差異も少しずつ見えてきている。ここでは、ＡＩについて気になっている話題を提供しよう。一つ目は、「深層学習の父」と呼ばれているジェフリー・ヒントンの次の言葉である。

「ＡＩが今よりも高度な知性を得るには、ソフトウェアが人間の脳のように複雑なものへと発達しなければならないと信じていた。しかしこの考えは間違っているであろうことが判明した。」また、彼は、たまたま思いついたジョークをPaLM（ＡＩの言語モデル）に説明するよう指示したところ、そのジョークの面白さを的確に説明できたことに驚いたと言う。「ＡＩがジョークの面白さを説明できるようになるまでには相当な時間がかかるだろう」と言い続けていた。「PaLMは大規模なプログラムだが、人の脳に比べるとそこまで複雑ではない。にもかかわらず、人が一生をかけて獲得するような論理性を手にしている。」

ヒントンは、ＡＩアルゴリズムが大きくなっていくにつれ、数年以内に、創造主である人間たちを凌駕する可能性があると結論付ける。「これまでは30年から50年先のことだと思っていましたが、いまは5年から20年先で起こり得ると思っています」と。

ChatGPTを開発したOpenAI社のCEOのサム・アルトマンも次のように述べている。「私たちが学んだように、科学の進歩は、物理法則が妨げなければ、最終的には起こります。それよりも、重要なことは、まず私たちが自分自身を破壊しない限り、超人的なAIが実現し、遺伝子強化が実現し、ブレイン・マシン・インターフェースが実現するだろうということです。自分たちよりも賢いものは決して構築できないと考えるのは、人間の想像力の失敗であり、人間の傲慢さです。」そして最後に、「アンドロイドは電気羊の夢を見る」と。この意味は、人間と区別がつかないほど高度な人間型アンドロイド（人工生命体）が人間と同じように夢を見るかどうかを問いかけている。夢は人間の内面の反映や感情の表出と結び付いていると考えられており、アンドロイドが夢を見ることができれば、彼らが単なる機械ではなく、自己意識や感情を持っている可能性があるということを示唆している。つまり、アンドロイドと人間の区別が曖昧になる時代を暗示している。

前記の記述から皆さんは何を思うだろうか。

私には、「AIのソフトウェアが人間の脳のように複雑なものへと発達しなくても、かなり人間に近づくことができるということ」は驚異である。それは、巨大なAIアルゴリズムによるという。そして、このアルゴリズムによって人間特有と言われている〝感情〟さえも持っているように振る舞うことができる可能性さえ出てきている。

かつて、2045年のシンギュラリティ問題に対して次のような議論があった。

賛成意見を持つ人たちは、「汎用ＡＩ（強いＡＩ）」が実現した世界で、超人間（トランスヒューマン）、サイボーグ（心を持つ強いＡＩ）が乱舞する社会を真剣に議論していた。半導体発展に擬せた技術至上主義者の意見である。

反対意見の骨子は、「人間が作った自律性を持たない機械（コンピュータ）、ビッグデータとアルゴリズムで動く機械が、人間特有の創造性や心を持つことは不可能である」「過去のデータを学習しても創造的なものはできない」という意見が主であった。

これらの議論を踏まえて今言えることは、人間と同じような〝脳〟を作らなくても人間らしい振舞いをするロボット（見方によっては、遜色ないもの）は作れる可能性が高いということである。そして、たゆまぬ技術の進歩（半導体とアルゴリズム）によって感情を持っているように見えるアンドロイドが実現するのである。

二つ目の関心は、記号接地問題（symbol grounding problem）である。難しい言葉のように見えるが、次のようなことである。

ＡＩが言語や記号を理解するには、それらを現実世界の対象や概念に関連付ける方法が必要になる。ＡＩは、通常、記号やテキストを数値データとして処理するため、その記号やテキストの意味を正確に理解することは困難である。例えば、人間にとって「赤いリンゴ」という言葉は、視覚的なイメージや触覚的な経験と関連付けられるが、ＡＩにはそれがなく、ただの文字列として扱われる。

記号接地問題の解決には、AIが物理的な世界との相互作用を通じて経験を積むことが必要である。AIが視覚情報、音声情報、触覚情報などのセンサーデータを入力として受け取り、それを言語や記号と関連付けることで、記号接地問題を克服することが可能となる。しかし、人間のようにはいかないだろう。人間は様々な経験、歴史や文化を背負っているから。

『言語の本質』（中公新書）等で、活躍中の今井むつみ慶應義塾大学教授はChatGPTが作る文章について次のように語っている。

「ChatGPTが作る文章は、文法的な誤りや不自然さがなく、学生のレポートよりずっと整っているかもしれません。しかし、体験に接地せず、統計から導き出した情報をつなぎ合わせているだけなので、内容がとても表面的です。新しい視点も独自の観点もありません。人間が最終的に満足できる代物とは思いませんが、もしこれでいいと思う子供が増えるとしたら、それは人類にとって危険なことです。」

また、評論家の若松英輔はAIについて「AIは「人工知能」と言われるとおり、改良や改善のように「頭」の仕事をします。しかし、創造的なものを生むのは頭ではなく、「心」や、そのさらに奥深くの「魂」による仕事です」と述べている。

両者の言っていることには全体的には首肯したいが、技術の進歩は途轍もなく速い。正論を吐いている今もたゆみなく進んでいるし、100％完璧な人間にならなくても、人間のように振舞うことは可能である。人間だけが創造性があるという考え方も見直す必要があるのかもしれない。前にも述べたように、ＡＩの認知領域と人間の認知領域には差異があり、その違いから新たな地平線が顔を出してくる可能性があるだろう。

我々は、過去の意見に固陋するのではなく、自分とは異なる考え方にも耳を傾ける寛容性や多様性を身に付ける必要がありそうだ。

（２０２３年６月）

ChatGPTについて

最近、大学でも企業の間でもリスキリング（再学習）の重要性が叫ばれている。これは、IT技術（DX：デジタルトランスフォーメーション）の進歩が目覚ましく、リスキリングをしないとついていけないからである。特にAI（人工知能）は新しいフェーズに入った感じである。ChatGPT（Generative Pre-trained Transformer：対話型AI）の出現によって2045年の〝シンギュラリティ〟（AIが全人類の知性を超える日）も夢ではない感じがしてくる。これまでの技術の発展の概要を振り返ってみよう。

「モノづくり」から「モノづくり知（アーキテクチャ）」と騒がれていた20〜30年くらい前から、半導体の技術課題は微細加工技術からシステム・アーキテクチャへ移ってきた。ここで日本はメモリー技術に固執するあまり、このシステム化の動きに乗り遅れた。また、時代は、全部の技術を自社でやる垂直統合型ビジネスモデルから各社がそれぞれの得意分野を行う水平分業型ビジネスへ移ってきたが、これも日本ではほとんど実現できなかった。

そしてAIの第三波の登場である。特に深層学習の威力は、「AIは使える技術」として生活や社会のあらゆる分野に浸透しつつある。その根底にある技術は、生物の神経細胞（ニューロン）の働きを模倣した数学モデル、ニューラルネットワーク技術や、ビッグデータを用いたベイズ理論という確率論の一分野、統計的推論の技術である。

さらに、2022年の終わり頃に出てきた対話型AI、ChatGPT である。この技術は、大規模な自然言語処理モデルを用いており、自然言語理解と生成を行うことができる。アーキテクチャは、深層学習を使用してトレーニングされたニューラルネットワークである。これらの技術によって、幅広い入力を理解し、人間が生成した応答と区別するのが困難なほどの会話をすることができる。Google 検索は、既にウェブ上に存在する結果しか表示できないのに対して、ChatGPT は、各ユーザーのニーズに的を絞った、全く新しいコンテンツを提示できる。いわば、Google の「集合知」から「総合知」に近付いていると言っても過言ではないであろう。

しかも、ChatGPT 自身は、意識や自己認識がなく、その応答の全ては、トレーニングされたデータから学習したパターンに基づいている。まだ〝強いAI〟からはほど遠い存在であるが、この自然言語処理を高い精度で実行できるツールになっていることは疑う余地がない。しかし、このレベルのAIでは、自分の理解を新しいタスクに適応できず、計画を立てることもできない。また、問題解決を図ることもできない。いわば、特定のタスクのみを実行するように設計されたAI（〝弱いAI〟）と言えるだろう。

ChatGPT のタスクを別の角度から見てみよう。創発と創造という視点である。「創発と創造の違いについて答えよ」と問うと ChatGPT は次のように答えている。「創発とは、新しいアイデアや現象が集団やシステムの中で自己組織化的に出現することをいう。つまり、創発は個々の要素やアイデアの単純な組み合わせではなく、より高次の組織構造の形成によって生じる現象である。一方、創造とは、新しいアイデア、概念、製品、またはプロセスを創造する能力を示す。創造は、直感、想像力、観察力、分析力などの知的スキルと、柔軟性、独創性、リスクテイキングなどの性格特性によって形成され、創造者の知識、経験、状況、文化的背景等の影響を受ける。創造は、アイデアの出現に焦点を当て、創発とは異なる。つまり、創発は集団やシステムの中で自己組織化的に現われる現象であり、創造は個人が新しいアイデアを生み出す能力であると言える」と。

前記の定義に鑑みると、ChatGPTが行っているタスクは膨大なデータを自己組織的に関連させながら、深層学習と自然言語処理モデルによって創発的に生み出されている感じがする。創発的に生まれた「関連性知」である。純粋な創造性（独創）とは違っても、我々は「創発的な知」も創造性と拡大解釈していいだろう。ある人はこの能力を高度な「擬態」と言う。

このように、AIは新しいアイデアを生み出すことができるが、そのアイデアの社会的、文化的、歴史的背景、およびそれらが社会や世界にどのような影響を与えるかは理解できない。人間のように、もう一つ外側から、あるいはさらに奥深く内面を抉ることはできないと言える。整合性は取れているが、表層的、一次元的な知的レベルかもしれない。

そうは言っても、我々人間の知的活動も、大部分、各々の知識や経験から想像力によって関連付けながら新しいアイデアを生み出しているのではなかろうか。さらに、奥深く考え、独創性のレベルまで思考を深めるには、さらにワンランク上の思考層のレベルが必要になる。

以前、このブログでも心には二つの層があることを述べたことがある。

一層目は、普段の我々の考えを司っている領域で、他人と比較して嫉妬したり、勝ち負けに拘ったり、出世や金のことを考えたり、強いて言えば、「自分ファースト」の世界を牛耳っている場所である。「自我」を支配する領域である。また、論理的思考を重んじる領域である。二層目の心の領域は、「無心」「無我」の心を支配するところである。この心の領域で思考すると、「自我」や「煩悩」がないので「正心」の状態が保たれており、バランスが取れた正しい判断が行われる。また、自分よりも「他人ファースト」の世界を志向する場所でもある。「利他の心」が宿る場所。この二層目の心の場所は無我であるので、直観力や創造性を涵養する領域でもある。

ここまで来ると、読者はお分かりいただけたと思うが、上述のAＩの創発的創造性のレベルは、この一層目で思考した（深層学習アルゴリズムで計算された）ものであろう。では二層目の領域に行くにはどうすればいいのだろう。そんなアルゴリズムはあるのだろうか。これ以上思考を進めるには、創造性を生み出す脳のメカニズムを知らなければならないだろう。門外漢の私には無理なようである。しかし、今のAＩのレベルはここまで達しているとも言える。この分野でも残念ながら、日本は1、2周遅れていると言える。

専門家でもない私は、ChatGPT の深みにはまり込んだ感があるが、AＩによる認知領域や知の在り方、知の組織化について、人間とどこがどう違うのかを議論する時期が来ている感じがする。そうすれば、ＡＩに心や感情を持たせることができるのか、利他の心を涵養することができるのか、といった今まで人間にしかできないと考えられた領域に踏み込むことができると思う。

（２０２３年５月）

ＡＩによる「認識」の変化

一橋大学の野中郁次郎名誉教授は本田宗一郎のことを「彼は人間を根底としない技術は意味をなさない。企業発展の原動力は思想なんだ。だから真の技術というものは哲学の結晶だと思っている」と述べている。また、「彼は個別の事象に留まっているだけでなく、個別具体の現実の直視をしながらそれを普遍的な概念に高めていくことができる人である」と言っている。そう考えてみれば、松下電器の松下幸之助や京セラの稲盛和夫を始めとした立派な企業の経営者は独自の経営哲学を持っていた。これは、研究者、技術者そして経営者にしても、独自の「哲学」を持つことの必要性を暗示している。

話は跳ぶが、現在のＡＩ（人工知能）は当初思っていたよりも、社会に浸透してきているように思われる。もちろん「深層機械学習」の特徴を持つ第三波のＡＩのことである。２００５年頃、アメリカ人のＡＩ研究者、レイ・カーツワイルは「ＡＩの発展により、２０４５年にＡＩが人間を超える」というセンセーショナルな「シンギュラリティ（特異点）」問題を提唱した。この提唱の真偽については、今もって決着が着いていない。

前にも述べたが、賛成意見を持つ人たちは、「汎用ＡＩ（強いＡＩ）」が実現した世界で、超人間（トランスヒューマン）、サイボーグ（心を持つ強いＡＩ）が乱舞する社会を真剣に議論していた。

反対意見の骨子は、「人間が作った自律性を持たない機械（コンピュータ）、ビッグデータとアルゴリズムで動く機械が、人間特有の創造性や心を持つことは不可能である」「過去のデータを学習しても創造的なものはできない」という意見が主であった。

しかし、ここに来て事態は少しずつ変わってきている。ＡＩによって実現された驚くべき結果に認識を新たにしなければならないだろう。

２０１７年末のディープマインドが開発したＡＩ「アルファゼロ」というチェスソフトがある。従来のチェスソフトの人間に対する優位性は、「独創性」ではなく、圧倒的な「処理能力」であった。しかし、「アルファゼロ」は、完全にＡＩ自身による訓練（学習）、過去のデータは使わず、開発者はチェスのルールを教え、「勝率を最大限に高める戦略を生み出せ」と指示するだけ。しかも、たった4時間の訓練で世界最強のチェスソフトになった。結果は人間が検討したことすらないような手の提示であった。

マサチューセッツ工科大学は新薬開発のプロセスにＡＩを導入した。まず、２０００個の既知の分子からなる「訓練セット」を用意し、ＡＩに分子の抗菌性を「学習」させた。結果として興味深いのは、与えられたデータに含まれていなかった特性まで学習したことだ。つまり、人間が概念化も分類もできていなかった特性までＡＩは発見し、学習していたという事実である。それを発展させ「ハリシン」という抗生物質を発見したのである。ここで重要なことは、人間では気付かなかった、あるいは人間が説明することさえできないような関係性を発見したということである。また、文書生成言語モデル「GPT—3」や「同時通訳」の技術も、従来とは質の違う発展が報告されているが、ここでは省略する。

前記のように、AIは「機械学習」によって、人間ではおよそ不可能な速度でデータを処理できるだけではない。人間が気付いていなかった、もしかすると永遠に気付かないような現実の一面を察知することができている事実である。また、創造的レベルではないにしても、創発的（各要素が集積し組織化することにより、個々の振舞いを凌駕する高度で複雑な秩序やシステムが生じる現象）レベルの発見が行われている。よって、今日のAIは、現実の捉え方（認識）を一変させるような問いを人間に突き付けている。

カントは「人間の理性には現実を知る能力があるが、常に不完全なレンズを通して現実を見ている。人間の認知や経験はたとえ「純粋」に合理的思考をしている時ですら、知識を整理し、構成し、ゆがめる」と述べている。人間の認知や理性が物事の絶対的基準になるべきか否かはともかく、それに代わる選択肢が今までなかったために、人間の知性の死角・限界は暴かれなかった。

しかし、今、AIが現実を認識・理解するための代替的手段（人間に代わる）になりつつある。驚くべきことは、人間の合理的な思考による「認知や理性」の網から漏れたものをAIが掬い上げるだけでなく、ＡＩ独自の「認知や理性」の網を提供していることである。それも「学習」によってなされている。過去においても、アインシュタインの相対性理論、ニールス・ボーアやハイゼンベルクの量子力学は、人間の現象認識に訂正を求めてきた。「時空一致」、粒子の位置と運動量を同時に確定することができない「不確定性原理」がそれである。

創造性の領域においても、人間の「合理的知性」の網の目を細かくするとか、認知領域を広げる（拡張現実：augmented reality）だけでなく、ＡＩは、データ間の関連性を追求することにより、新たな認知領域を形成している可能性がある。それが創発力、しいては創造力につながると言っていいだろう。

ＡＩは人間が生きてきた物理領域に、新たなデジタル領域を追加した。そして、人間の合理的知性が現実の現象の唯一の発見者、理解者、記録者であるという地位を危うくしている。新たな時代が始まっていると言っても過言ではない。

もちろん、ここでは触れなかったが、ＡＩ倫理、安全保障、ＡＩと人間のアイデンティティ等々、これから解決していかなければならない問題は山積している。しかし、必要なものは、「何が生まれようとしているのか、それは人類にどのような意味を持つのか」を説明する哲学であろう。これから本格的に始まるＡＩ時代には、17世紀に近代科学の基礎を作ったデカルトや18世紀に人間の理性を徹底的に批判したカントといった哲学者の出現が待たれる。

（２０２２年９月）

全ては「程度の問題」

最初から専門的な話で申し訳ないが、現在のＡＩ（機械学習や深層学習等の人工知能）の考え方は主にベイズ推定で支えられている。そのベイズ推定とは「正しさは確率的で、絶対なものではない」という哲学（考え方）で、人間社会に関わる全ては「程度の問題」であり、単純な二分法では上手くいかない。つまり、二律背反的な「0か1か」といった短絡的な結論の出し方では解決しない。

最近のコロナやオリンピック論争にしても自分の意見を強弁する際、浅薄な二分法を用いる。「コロナが蔓延して人が死ぬことが分かっているのに、オリンピックを開催するのか」という議論。人が死ぬということとオリンピック開催を天秤にかけて議論する。一方、オリンピックを目標に人生をかけて頑張ってきた世界中のアスリートや関係者の努力、そして、それらがもたらす感動や人生訓の価値をどう評価するのであろうか。今回のオリンピックでも柔道やレスリングの例を挙げるまでもなく、日本中が感動したではないか。もちろん、人の死を軽視するつもりは毛頭ないが、経済問題による死も大いにある。要するに、ことは単純ではなく、全ては「程度の問題」である。語弊があるが、人の死をもってしても、「絶対正しい」ということはないのである。

また、ジェンダー発言等の問題で一方的に責められ、人生をダメにしたり、自殺したりするケースが増えている。これも、メディアやＳＮＳの意見が「絶対正しい」という考え方の帰結である。いわば、全体主義的、専制主義的傾向であり、注視する必要がある。だからといって、ジェンダー問題を軽視しろと言っているわけでないことはもちろんである。

これらの問題は、結論的には常識的であるが、全て「程度の問題」ということを示している。それを論理的に展開した「ベイズ推定」の重要性は、まさに、それが「程度と論理の架け橋」を構築したからである。

ベイズ推定とは何かを改めて説明すると、次のようになる。「ベイズ推定では、最初は主観で確率を設定する。これを「事前確率」と呼ぶ。あくまでも主観で決めたもので、実際の観測データで補正していく。これが、「事後確率」である。いろいろな条件での観測データで補正を繰り返すことにより、事後確率の精度が上がってくる。このやり方の延長線上にＡＩの画像認識、自動翻訳といった機械学習や深層学習がある。ＡＩとは「関係性の予測を行っている」という人もある」（田口善弘）。関係性の確率を高めるのがＡＩであり、囲碁や将棋の最適解もこの関係性の追求から生まれている。そこには唯一の解や絶対的解があるのではない。種々な条件の観測データにより、ベターな解を追求していく。そのやり方に、対象に応じて、k近傍法、線形回帰、決定木、深層学習等々がある。

コンピュータアーキテクチャ「TRON」で有名な坂村健東京大学名誉教授は「程度の問題という諦観こそ、ベスト・エフォートに基づくシステム－社会を支える哲学なのである」と述べている。

時代は「客観から主観」「絶対的正解から全ては程度の問題」という考え方は、先が見えないコロナ時代を生き抜く哲学かもしれない。ここまで書くと、物理を勉強した人は、電子の位置は確率的であるという量子力学を思い出すだろう。

（2021年9月）

人間2・0

世の中は○○3・0、4・0等の言葉が氾濫している。例えば、Web 3.0、AI（人工知能）3・0、Society 5.0、……である。数字の大きさによって、技術レベルや社会の発展レベルが分かるようになっている。Web 1.0はホームページ時代、Web 2.0はSNS時代、Web 3.0はブロックチェーン時代と定義されている。また、AI 1・0は知識の獲得、AI 2・0は推論、AI 3・0は自己学習（ディープラーニング）の時代である。Society 1.0は狩猟社会、Society 2.0は農耕社会、Society 3.0は工業化社会、Society 4.0は情報化社会、そして、Society 5.0はサイバー空間とフィジカル空間が高度に融合された社会で、キーワードは、IoT（Internet of Things）、AI、ロボット等である。このように分類することは分かりやすく、分かった気になるが、中身が大切であることを注意しておきたい。

これらの言葉は、全て新しい技術によって牽引された社会を現わしている。技術の進歩は17世紀のデカルト、F・ベーコン、ガリレオ等による科学革命以来、目覚ましいものであり、19世紀の産業革命、20世紀後半の情報革命からさらに加速され、21世紀に入り、AI 3・0で新しい次元の社会が出現しそうである。それはデジタル資本主義、データ資本主義がもたらすデジタルトランスフォーメーション（DX）の時代であり、2045年のシンギュラリティではないが、超人間（ポストヒューマン）出現の可能性もある。これは単なるSFと片付けることができない事柄で、AI4・0〜5・0の領域につながってくる。

最近、マックス・テグマークの『Life 3.0』（2020）が翻訳された。著者は生命の進化として三つの段階を考えている。Life 1.0はハードウェアとソフトウェアが進化する時代。単純な生物学的段階である。生きているうちに自らのハードウェアもソフトウェアも設計し直すことはできない。どちらもDNAによって決まっており、ダーウィンの法則に従って進化するのみである。Life 2.0は文化的段階で、現在の人間のレベルである。自らのソフトウェアの大部分を設計（デザイン）し直すことができる。人間は言語、スポーツや職業などの複雑な技能を習得できるし、自らの世界観や目標を根本から改めることができる。別の言葉で言えば、学習というプロセスを通じてソフトウェア（知識全般と〝アルゴリズム〟）をデザインすることができる。この自らのソフトウェアをデザインする能力を持っているために Life 1.0よりは遥かに賢くなれる。Life 3.0は技術的段階で、ソフトウェアだけでなくハードウェアも設計し直すことができ、何世代もかけて徐々に進化するのを待つ必要がない。地球上には未だ存在していない。Life 3.0は「汎用AI（強いAI）」が実現した世界で、超人間（トランスヒューマン）、サイボーグ（心を持つ強いAI）の言葉が乱舞する状態であろう。しかし、Life 3.0の実現に対しては多くの議論や疑問が呈せられている。ビッグデータとアルゴリズムで動く機械（コンピュータ）が実現された場合、どのような世界になるのであろうか。キーワードは「学習」であろう。

ＡＩ３・0を切り拓いた「深層学習」の技術、Life 2.0の人間も学習によって、自分のソフトウェアをデザインしてきた。ハードウェアも人工の心臓、ペースメーカー、膝、歯等もグレードアップされつつある。これらは全て、自らの「学習」によってもたらされたものである。最近、特に、注視しているのはＡＩ自身がＡＩを教育する（ビッグデータを用いなくても）ようにもなっていることである。この問題は重要であるがここでは触れない。

しかし、人間の精神の分野では進歩が見られない。農業革命、都市革命に続く、人類史の大変革期と考えられる「精神革命」は、紀元前6世紀以降のギリシア哲学の形成、インドにおける仏教、中国における儒教、イスラエルにおけるユダヤ教を起源とするキリスト教の出現という画期的時代である。仏陀、キリスト、孔子、ソクラテス等の出現により、「心の在り方」が問われ、仏教の「慈悲」、儒教の「仁」、キリスト教の「愛」等が説かれた時代でもある。日本の鎌倉時代にも多くの仏教の宗派が生まれた。

それ以来、人間は一向に精神面では成長していない。むしろ、精神革命に続く、17世紀の「科学革命」により、人間が自然を制覇・支配できるという思想が優勢になる。その後、産業革命や資本主義の発展により、精神よりは「モノ」が重要になる時代、拝金主義の時代に突入することになる。一神教のキリスト教において、世俗的に成功することが神に選ばれた証であるという考えも出てきた。まさに、「モノ、金、地位」の世界を肯定するイデオロギーが闊歩するようになっている。グローバリゼーションもその一環であり、格差が拡大している。

高貴な精神はどこに行ったのであろうか。今から2500年くらい前の「精神革命」の時代から人間は精神的に後退しているように見える。ここで言いたいことは、現状の人間1・0から人間2・0への変革である。釈迦やキリスト等が唱えた、「己がやってもらいたいことを他人にもやってあげなさい」という「利他」の精神を取り戻す時が来ているように思われる。これが「人間2・0」である。

Life 3.0時代のトランスヒューマンは今の人間のように肉体を持っていない可能性がある。ビッグデータやアルゴリズムで動く機械であろう。最先端の科学では、脳（情動）と体の相互作用によって「こころ」が生まれると言われている。肉体を持たないサイボーグは脳のメモリーとソフトウェア（アルゴリズム）だけで「こころ」を生み出すことができるのであろうか。人間2・0は今の人間の内的精神の変革でしか達成できないように思われるがいかがであろうか。

（2020年3月）

「正解」のコモディティ化

先日、注目を集めているコーン・フェリーのシニア・パートナー、山口周氏の講演を聴いた。その中で「正解のコモディティ化」という言葉が気になった。この意味は論理的な分析思考を突き詰めていくと、誰もが決まった「正解」に行き着く。創造的な「解」を得るには感性や直観(sense making)が必要だという考え方である。直観力や深い思考から新しい考えが創発するという意味であろう。

実は論理的思考の極地は今、流行のＡＩ（人工知能）の最も得意な領域である。特にルールとゴールが決まっている分野、例えば囲碁や将棋ではコンピュータが高スピードになればなるほど人間はかなわなくなる。合理的で合目的的な「解」を求めるには、過去の膨大なデータから学習するＡＩは最強のマシーンであろう。そうやって得られた解は創造的なものになるであろうか。膠着した問題を解決する答えを提供するのであろうか。合理的に考えられた解は一見良さそうに見えても気が付いてみると平凡な解であることが多い。何故であろうか。

創造的な「解」を得るには一つのルール（思考形態）に従った方法ではなかなか到達できない。ではどうすればよいのであろうか。創造の瞬間は本人にしか分からないが、結果論から言えば次のようなことが考えられる。

1．一つの考え方ではなく、多面的、重層的に考える（ダイバーシティ）
2．種々考えながら熟成するまで安易に結論を出さない（ネガティブ・ケイパビリティ）
3．悩んだ末にさらに考えていると思わぬところから解が出てくる（セレンディピティ）

時間をかけていろいろな角度から検討するといっても、なかなかできるものではない。普通は結論を早く出そうとして中途半端な解で満足する。これでは創造的な解は得られない。それは合理的に考えた結果の解だからだ。このレベルでは学校の試験の解としては合格するだろうが誰でも考えられる解であろう。将来はＡＩに任せればよい。人間の思考の素晴らしさは、考える時に寄り道したり、時には元に戻ったり、不合理な道に入ったり、非効率な迷い道に入ったりしながら、考えられる点である。いろいろな道を歩いている時に今までの経験が役に立ち、熟成され、論理的でない、ジャンプした直観的な考えが浮かんでくる。これが創造的な考えになってくる。そして後から論理がついてくる。これがコモディティ化されていない「正解」になってくるのだろう。

論理を無視することはできないが、それだけでは本当（創造的）の「正解」には辿り着かないし、また、難しい問題（特に社会的）は「正解」は一つではない場合が多い。条件が少し違えば異なった解になる。そこには論理だけでは越えられない壁がある。その壁を突破するのは直観力である。

私は物事を判断する時に、合理性、効率性の軸以外に「利他」という軸を加えている。利他というのは不合理的考えである。当然ＡＩは合理的思考であるから、この軸は持っていないだろう。この不合理、非効率、損をする軸を加えることにより、物事が立体的、俯瞰的に見えてくることがある。このようなことができるのは人間だけであろう。自分にとって得する、プラスのことばかりを考えるのではなく、敢えてマイナス、「他人ファースト」の考えを導入することにより、飛躍したバランスの取れた考えに行き着くのではないだろうか。判断に困った時にはより難しい道を選択すべきという箴言があるが、一見合理的で損をしないように見える道は、単調で、退屈で人間を精神的に成長させるものではないかもしれない。

コモディティ化された「正解」は試験で１００点を取れても、人生の難問を解く答えにはなっていない可能性が大である。コモディティ化された解は鉛筆や消しゴムと同じで、一般論的作文は書けても、創造的で個性的な小説は書けない。直観力による思考の飛躍や熟成された深みがないからである。アインシュタインを始めとする人類にとって、偉大な宇宙の真理を発見した物理学者たちもいろいろと悩んだ末に直観によって従来の考え方の壁を乗り越えたと聞く。この直観力を磨くことは論理的思考以上に大切だと思われる。

（２０１９年６月）

第三章　時代の変化

アンラーニングとリスキリング

ChatGPTを始めとして、最近のＡＩ技術の発達により、「リスキリング（reskilling：再学習）」の重要性が叫ばれている。大学にしても企業にしても、新しい技術の進歩についていかなければ、仕事にならないからである。これに対して、異なる意見を持っている方がいる。作家の五木寛之氏である。彼はむしろ、これからは「アンラーニング（unlearning）」が必要であると力説する。何故だろうか。

「アンラーニング」は、既存のスキルや知識を捨て去ることを指す。これは、時代の変化や新しいアプローチの出現によって、古い習慣や固定観念を手放し、柔軟性を持って新たな学びに取り組むことを意味する。つまり、アンラーニングの重要性は、過去の成功体験や既存のスキルに固執することでイノベーションや成長の機会を逃してしまう可能性を払拭するという意味がある。また、新しいアイデアや方法論を受け入れることで、柔軟性を保ち、変化に対応する能力を高めることができる。リスキリングのように、新しいスキルを学ぶだけでなく、既存の枠組みや思考パターンを見直し、柔軟な学びの姿勢を持つことが重要だと。リスキリングは新しい技術の習得に着目する。一方、アンラーニングは過去のやり方（方法論）や価値観を見直すことに力点を置く。

もちろん、両方重要であることは論を俟たない。五木寛之氏が主張するのは、時代が大きく変わる時、SDGs（持続可能な開発目標）で謳われている多様性が重要なキーファクターになる時代には、従来までの成功の方法論を踏襲したままで、新しい技術の習得よりは、一旦過去のやり方や価値観を捨てた形のラーニングが重要な意味を持つという考え方である。過去の幹に新しい枝を伸ばすのではなく、新しい幹を作るというやり方である。

とかく人間は、従来のやり方、考え方、価値観を変えて新しいことを始めることが苦手である。特に成功体験があるとそのやり方に固執する。時代の変化が速い時には、それが命取りになる。これを指摘したのが、マサチューセッツ工科大学のPeter Senge教授が提唱した「学習する組織（Learning Organization）」の考え方である。変化が常態化した社会では、「自ら学び、自ら変われる組織・人」が生き残れるという思想・価値観である。

組織や人の外部に視点を置いてその変化に素早く追随するのも大切であるが、世の中の動きを心の内部で感じ、反芻して、組織を見つめ直し、時代遅れになっている部分や価値観を切り捨てることが最も重要になってきている。しかし、これは非常に難しく、特に成功体験を持っている組織や人では至難の技であろう。

「マウント症候群」のブログで述べたように過去の栄光に縋り、過去をリセット（アンラーニング）できなかった故の所業と言ってよいであろう。

前記の五木寛之氏が、アンラーニングの重要性に気付いたのは、人生は、自力か、他力かを考えている時だと言う。「自立力」「自己努力」「自己責任」の重要性が叫ばれても、自分の限界ははっきり見える。そんな越えられない壁を自覚した時に、人は「他力」の感覚に出会うのだと言う。俗に言う「他力本願」、人任せの考え方とは正反対の思想が真の「他力」であると気付く。「他力とは自力を呼びさまし育ててくれるもの、「自力の母」なのである」と。一旦、自己の力を過信せずに捨てた時に、新たな力の必然性が見えてくる。従来の考え方を断捨離することにより、新しい世界が拓けてくる。

「捨てる」ことは、いろいろな意味で深い。ここでは詳細は述べないが、「日本文化の底に流れる少なくとも一つの重要な精神は、欲を膨張させ自己利益を求めるような自我の否定である。無私にせよ、無我にせよ、この自己否定のうちにこそ、自ずと真実の自己が立ち現れてくる」と九鬼周造氏も述べている。「自己否定において自己を肯定する。そして、本当の自己が立ち上がる」という考え方に「捨てる」意味の本質が隠されている。

このような文脈でアンラーニングを見直してみると、過去のやり方や価値観、従来の知識さえも一度捨てて、新しい考え方や知識に挑戦することが大切になる時代が来ている。過去の歴史を見れば分かるように、新しい時代は過去の価値観を否定することから始まっている事実を再度認識しなければならないだろう。

（2023年6月）

ＳＴＥＡＭ教育

最近、ＳＴＥＡＭ教育という言葉を知った。私が遅れているのかもしれないが、Science（科学）、Technology（技術）、Engineering（工学・ものづくり）、Art（アート・リベラルアーツ）、Mathematics（数学）の頭文字を取ってＳＴＥＡＭと呼ぶらしい。この中にArtの言葉が入っていることに驚きを感じている。何故、Art（アート）なのか？

そういえば、日本でも従来からの文理融合ではなく、最近では、文芸理融合が叫ばれている。ＴＲＯＮで有名な坂村健東洋大学教授はＩＮＩＡＤ（Information Networking for Innovation and Design）という組織を立ち上げ、ＩｏＴ（Internet of Things）時代の文芸理融合教育を推進している。特に彼は、技術やビジネスだけでなく、デザインやプログラミング教育の重要性を指摘している。

また、米国の主要大学では、リベラルアーツとして音楽が重視されている。科学や技術の革新が進む現代において、何故音楽が重視されるのか？　一言で言えば、「人間とは何か」を学ぶためだと言われている。

ハーバード大学では、現在、美学的な学びを深める教養科目として音楽・芸術科目が開講されている。学生起業が盛んなスタンフォード大学では、２０１３年新設された「芸術へのイマジネーション」プログラム中で、芸術が文化や身体に及ぼしてきた影響や芸術家がいかに風刺などを通じて社会問題を訴えてきたかを、交響曲・オペラ・ポピュラー音楽・バレエ・映画・絵画等々から紐解いていくらしい。

このような傾向に対して、マサチューセッツ工科大学のキーリル・マカン教授（音楽学科長）は次のように述べている。「エンジニアたちは創造的な問題解決法を編み出すために、人文学やアートの経験が役立つことに気付いています。それに、テクノロジーや科学技術の発達に伴う問題の多くは、人間性理解の欠如から来ています。」

要するに、技術革新が進むほどアートを通した「人間理解」が必要だということらしい。物理化学者のマイケル・ポランニーは、「身体や情念を含む個人の暗黙知こそ、科学的発見を前進させてきた」と語っている。実際、人は何かを知覚する時、それが言語化される前に多くのことを察知（直観）することができる。

音楽や絵画の授業の持つ意味は、「まず、自分の耳や目で捉え、感じ、発見する」ことで、自らの暗黙知に気付く。そして、「何故なのか」と探求していくと原理や仕組み、思想などが見えてくる。それによって、深層では多くのものがつながっている（文系、理系を問わず）ことが分かる。欧米で他の分野との連携が盛んなのは、こうしたリベラルアーツの力である。

20世紀最大の科学者の一人であり、相対性理論のアインシュタインはモーツァルトやバッハの熱狂的ファンで、彼自身も、その生涯において、ヴァイオリン、ピアノ、さらに晩年は、エレキギターを演奏していた。アインシュタインの音楽へのたゆまぬ愛情は、単なる物好きなどではなくて、彼の世界観や宇宙観を形成するための武器だったのかもしれない。

このことからも、物理的思考と音楽的思考の関連性が感じられる。宗教曲や交響曲が、いかに彼の物理的思考に強いインスピレーションを与え、さらに、重力波や相対性理論といった人類の難問を解き明かすための大きな助力になったのは確かなことであろう。余談になるが、量子力学の始祖の一人ハイゼンベルクも音楽をこよなく愛し、モーツァルトのピアノ協奏曲第20番ニ短調のピアノ独奏は有名である。

アートの重要性について述べてきたが、創造性を発揮する上で最も大切なものは直観力で、それを磨くのはアートであることが理解できる。

天才数学者岡潔は次のように述べている。「人間にとって知識というのは枝葉にすぎず、幹や根っこの部分に当たるのが感性です。感性とは真善美が分かることです。本質は直観と情熱でしょう。人間が人間である中心にあるものは科学性でもなく、論理性でもなく、理性でもなく、情緒です。」

考えさせられる言葉である。

（2022年11月）

非認知主義

教育評論家の尾木直樹氏がブログで、世界大学ランキングでの日本の大学の凋落を嘆いた。10月12日に英国の高等教育専門誌「Times Higher Education（ＴＨＥ）」は「ＴＨＥ世界大学ランキング２０２３」を発表。日本では２００位以内に東京大学、京都大学がランクインしたが、東京大学は前回の35位から39位に、京都大学は前回の61位から68位にランクを下げた。

尾木氏は「日本で２００位以内に入ったのはこの東大、京大のみ　東北大－２５０位以内　大阪大学－３００位以内　名古屋大学、東京工業大学－３５０位以内　中国やシンガポールなどアジアの国々にも負けています　私学は、これまでも早慶も７００～８００位！」と指摘した。

その上で「そもそも大学入試問題からして　世界から3周遅れ、孤立しています　学びのグローバル化の中で　相変わらずの公平・公正さを求めた認知主義学力テストを実施して、その上位者から合格させる」とその手法の古さを批判。さらに「今や「非認知的学力」こそが問われるＡＩ時代だと言うのに、時代の先読みと決断力のない現実には　ガッカリですね」と落胆した。

そもそも、「非認知能力」とは何であろうか。ものの本によると、非認知能力はＩＱや学力テストなど数値化できる認知能力とは異なり、数値化はできないものの、生きていく上で欠かせない能力。例えば、協調性、コミュニケーション力、創造力、やり抜く力、忍耐力、計画性、自制心、意欲等が非認知能力とされている。確かに、我々は「公平・公正」を重視するあまり、知識の多さや判断力の正確性・迅速性をテスト評価の対象にしてきた。しかし、これらは認知能力で、Googleを始めとした検索エンジンやＡＩの深層学習を用いれば、かなりのものは処理できるし、今では経営や政治の判断さえできるようになっている。

一方、非認知能力は、数値化できない個人独自の能力である。また、他人との比較よりは、自分自身の内面との闘いによって磨かれる能力であろう。まさに、精神的内面の力である。

私は、知謝塾ブログで、二つの「心の階層」について述べてきたが、一層目は論理を司る領域で、自我が支配する場所である。常に他人と比較しながら勝った負けたの意識を持ち、外面を気にしながら、上記の認知能力に磨きをかける場所であると言っていい。

二層目は、こころの内面を支配するところで直観力を養う場所である。深く内面を見つめるこころの動きが主で、無我・忘我の領域であり、利他心の涵養につながってくる。よって、創造力を養い、上記の非認知能力を高めるところでもある。創造力は知識や論理の積み上げでは達成できず、他人との会話、忍耐力、直観力が必要になる。

少し古い記事だが、『日経新聞』（２０１２年4月24日）の朝刊「春秋」に紹介されているハーバード大学の入試責任者の次の言葉は考えさせられる。「客観基準は万能ではない。試験の点数や高校の成績表は、生徒の資質の一部を示すにすぎない。考え方や行動の特性、知的想像力、対話力、社会意識などを、「面接や高校教師の証言で判断する」という。受験生を成績表という数値（記号）で一方的に判断するのではなく、多面的な角度からその人間の実像や能力に迫るやり方である。

さらに、日本の女子高生の合格の決め手は言語機能に生まれつき障害があるからだという。人間に対する評価基準の広さと深さ（多様性）、成熟した大人の考え方に敬意すら感じる。さらに、非認知能力の視点から考えると、健常者と異なり、障害者にはワンランク上の忍耐力や優しさ等々の異なる能力があると考えたのだろう。多様性だけではない、非認知能力の重要性を指向していると考えられる。

自らも視覚障害者であるＩＢＭフェローの浅川智恵子氏は「イノベーションの源泉・触媒としての障害者」という考えを推し進めている。彼女が発想し、創り上げた、目の見えない人が自分の意思で行動することを支援する「ＡＩスーツケース・プロジェクト」は有名であるが、障害者ならではの非認知能力（創造力）の賜物である。

このような非認知能力をいかに育成するかは非常に重要な問題であり、いろいろな試みがあるがここでは省略する。また、この非認知能力を大学入試で見分けることは難しく、前記のように、面接や教師の証言等が必要と思われるが、全国規模でどのようにできるかは今後の課題である。

（２０２２年10月）

大国の野望を前にして

ウクライナとロシアの戦況は泥沼化の様相を呈している。特に、一般市民、女性や子供たちがその惨劇に巻き込まれている映像は身につまされる。20世紀で見られた戦争の姿を21世紀に持ち込み、さらにＳＮＳ等のＩＴ技術を使った情報戦争にもなっている。

人間の「欲」はここまで達するのかという驚きと、特に注目すべきは、「フェイクニュース」のオンパレードである。自分たちの大義名分を正当化するために嘘をつく。誰でも分かる嘘をつく。嘘も何回か繰り返し喋れば本当らしく見えてくると思っているのか。何でもありの世界である。さらに、「偽旗作戦」というものがある。例えば、自分たちが化学兵器、あるいは核兵器を使いたいのであれば、まず、相手が先に使ったからと嘘をつく。そして、自分たちの行動を正当化する。まさに、悲劇どころか喜劇にさえ見えてくる。歴史的視点、地政学的視点で大義名分を主張しても、やっていることはジェノサイドで国際法にも違反している。

ここで重要なことは、一見もっともらしく見える論理的言葉、それに反対する論理、また、非論理的主張（フェイク）も全て論理的空間で行われていることである。まさに、脳の前頭葉だけで考えて、発言している。また、今回の戦争では倫理的観点が重要だという人もいるだろう。もちろん、このような考え方も大切であるが、これも論理的空間で考えられたもので、いくらでも嘘をつきながら反論もできる。論理空間の議論はいくらでも「暖簾に腕押し」の世界である。

ここで、皆さんに考えて欲しいのは、前頭葉で考えた論理ではなく、「こころ」で考えることの大切さである。心には英語でいうところの「heart」と「mind」があることはご存知だろう。「heart」は日本語では、単純に「感情」の発露である。ここでは「心」と書く。一方、「mind」は「知性」と訳されているが、mindfulness（マインドフルネス）という言葉があるように瞑想によって得られる状態、本当の「気付き」といった深い意味があるようだ。ここでは「こころ」と定義する。余談になるがノーベル賞を受賞した江崎玲於奈氏も、サイエンスみたいな創造性を必要とするところでは「heart」ではなく、「mind」が必要だと述べている。要するに感情（emotion）ではなく、直観力の重要性を指摘している。

私は知謝塾ブログでも繰り返し述べているが、心は二層に分かれている。一層目は、人間の煩悩や小我を支配する領域で、嫉妬、勝ち負けの世界、自我や論理の世界を司る部分で、前記の「心」に当たる。別の言葉では「自分ファースト」の世界である。二層目は、直観、感性、気付きの世界、無我の世界や利他の領域を司る部分で、前記の「こころ」や「mind」に当たる。ここは「他人ファースト」の世界である。

今度の戦争は、各国が論理の世界を駆使して行っているので、いくら美辞麗句や大義名分をかざしても、嘘で塗り固めた論理の展開であり、平行線のままで終わる。最後は子供の喧嘩と同じで腕力（武力）を使う。しかし、現在の戦争は武力で勝っても終わりとはならない。あらゆる領域で、世界がつながっているので経済力や情報力がものをいう。信用を失った国は世界と伍していくのが難しくなってくる。こうして、戦争は泥沼化していく。では、救う道はないのか。

宗教の必要性を論じているのではない。論理の世界を脱出しなければならないだろう。「こころ」「mind」で考える必要がある。幼い子供や罪もない人間が無慈悲に死んでいる姿を見て、戦争当事者の幹部は何も考えないのであろうか。自分の子供がこのような事態になったらどう思うのだろうか。

釈迦の直接の説法に近いとされる『スッタニパータ』に次のような言葉がある。「あたかも母が、己が、独り子を、命を賭けても護るように、そのように一切の生きとし生けるものどもに対しても、無量の慈しみの心を起こすべし。また、全世界に対して無量の慈しみの意を起こすべし。上に、下に、また横に、障害なく怨みなく敵意なき慈しみを行うべし。立ちつつも、あゆみつつも、座しつつも、臥しつつも、眠らないでいる限りは、この慈しみの心遣いをしっかりとたもて。この世では、この状態を崇高な境地と呼ぶ。」（中村元訳から引用）

論理の世界にどっぷり浸かり、相手を論破して喜んでいる人は、前記の釈迦の言葉を子供の作文みたいなことを言うな！　と言うだろう。道徳の時間ではないのだと一笑に付すかもしれない。しかし、我々がほとんど忘れてしまっている「こころ」の境地が簡単な言葉で述べられているではないか。頭でっかちになっていては、解決しないことを今度の戦争は教えているような気がする。論理（心）の世界ではなく、慈悲（こころ）の世界を感じて欲しい。（2022年3月）

価値観の変化を感じる

コロナ禍においていろいろなことが起こっている。オンラインの会議や授業、それによる経済の停滞、4～5月でGDPの低下は年率換算でマイナス27・8％まで落ち込み、リーマンショック（2009年1～3月、マイナス17・8％）を超えている。政府がGo Toキャンペーンに血眼になるのも分かる気がする。また、DX（デジタルトランスフォーメーション）の重要性や不要不急なもの、人間の能力みたいなものもあぶり出している。その中から新しい時代の価値観が見えてくる。

昭和や平成の時代（日本が成長路線を突っ走っている時代）には良き慣習、牧歌的と言えるような雰囲気があった。「素直で我慢強く協調性があって空気が読めて、上司の言うことをよく聞く」人を組織にとって価値ある人間として採用し、出世の対象にした。

要するにこの価値観は、「うまくやろう症候群」で「事なかれ主義」の蔓延につながり、「調整型」人間が多くなり、創造性がなく、高い目標の設定がない組織に堕するようになる。あるのは社内政治だけ。視線は内向きで、外に向かっていない。それが今も残っている拝金主義（地位、金、名誉）の価値観へとつながっていく。極端なことを言えば、「長い物には巻かれろ」的処世術で、社会的地位が高ければ尊敬を集めるという社会通念である。稲盛和夫氏は、このことを

「過不足ない、態の良い人が上に上がっていく」と喝破している。お手本があり、目標が決まっている場合にはこの価値観が最も重要であった。

前記の日本人の持つ、かつては日本躍進の原動力であった組織防衛のための内向き志向や協調性が、今やある意味、日本衰退の原因にもなっている。スイスのＩＭＤ（International Institute for Management Development）の調査による国際競争力でも日本は、１９８９年から連続１位だったのが２０２０年には34位にまで低下している。日本人が持っていた美点が国際的価値観には合わなくなっていることは確かであろう。戦後日本の高度経済成長を牽引した製造業は、今やＧＤＰ（国内総生産）に占める割合は約20％でしかない。判断基準である項目別では、日本は「ビジネスの効率性」が低く、ビッグデータの活用や分析、国際経験、起業家精神は63カ国中最下位である。製造業には協調性や言われたことは確実に実行する「素直さ」は特に必要である。その協調性等にケチをつけるつもりはない。しかし、それだけが日本を引っ張る価値観ではなくなっていることに気付かなければならない。

「日本経済の低迷は、新たな産業社会の牽引役になれるユニコーン（評価額が10億ドル以上の未上場のスタートアップ企業）がなかなか生まれないところに根本的な原因があるとも言われている。学者によれば、ユニコーンを生むキーワードは、女性・ダイバーシティ・高学歴の三つだそうだ。」（『還暦からの底力』立命館アジア太平洋大学学長出口治明）

まず女性についてであるが、現在の世界はサービス産業が引っ張る方向に向かっている。そしてサービス産業のユーザーは世界的に見ると女性が6〜7割と大勢を占めている。つまり需給ギャップが大きくなっている。このギャップを埋めるためにヨーロッパではクオータ制が行われている。ところが日本の女性の社会的地位は153カ国中121位（世界経済フォーラム）というひどさである。これでは女性の望む新しいサービスのアイデアが生まれるはずもない。

また、女性の持つ「感性」「優しさ」「陰徳（無償の愛）」という本性（DNA）がサービス産業には必要だと思われる。21世紀は「女性の時代」だと言われている深層には、男性とは異なるこれらの特性が重要になると思われるが、日本ではあまり生かされていない。

ダイバーシティについては、ラグビーワールドカップにおける日本チームの活躍振りを見れば誰しも理解できる。日本人だけで戦ってベスト8に入れただろうか。外国人を混ぜることでチームは強くなる。ビジネスの世界も同じである。日本の企業は極論すれば日本人だけでワールドカップを戦っているようなものだ。これでは地位が下がるのもなるほど、とうなずける。特に、日本は「空気が読めない（KY）」とか「同調圧力」「忖度」の価値観にどっぷり浸かっており、種々の才能を持っていても、それを発揮する場がなくなっている。逆に、コロナ禍では異種の才能が目立ってくるし、問題解決のためには、KYや忖度といった「調整力」は無用の長物となっていることが分かってくる。

高学歴についてだが、製造業とユニコーン企業を比べると、製造業で働く人は比較的低学歴で（世界の製造業の従業員の中に占める大卒以上の高学歴者は約4割）、ユニコーンは多国籍、高学歴という点に大きな違いがある。

日本の大学進学率は53％前後でＯＥＣＤ（経済協力開発機構）平均より7ポイント程度低い。つまり、日本は先進国の中では大学進学率の低い国なのだ。そして大学に進学しても、学生があまり勉強をしない。これは学生ではなく企業側に責任がある。新卒採用面接で「アルバイトやクラブ活動でリーダーシップをとった経験は？」などという質問をしている限り、誰が勉強するだろうか。成績軽視も甚だしい。既に、企業が求めている人材観に時代錯誤があるようだ。テレワークがニューノーマルになって「成果主義」を体現する第三次ブームの「ジョブ型人事管理」に移っていくと、年功序列型の人事管理の時に重要であった「報連相」的パフォーマンスは陳腐なものになり、スキル（能力）重視に変わってくる。

出口治明氏のことばを、少し長いが引用する。

「グローバル企業は成績の悪い人材に見向きもしない。グローバル企業はこうした成績軽視の在り方とは真逆です。グローバル企業はたとえハーバード大学の学生でも、成績が真ん中より下だったら見向きもしません。理由は簡単で、ハーバード大学の学生だから地頭はいいかもわからない。しかし成績が真ん中以下ということは、大学時代に勉強の手を抜いて過ごした人間である。こういう人を採用しても、上司に上手にゴマをすって仕事も手を抜くに決まっているから採用しても仕方がない、そう考えます。

一方でどこの大学出身であろうと成績が全優の学生は喜んで採用します。自分で選んだ大学で優れた成績を収めた人は、自分が選んだ職場でも優れたパフォーマンスを発揮する蓋然性が非常に高いと考えるからです。大学院生を積極的に採用しないのも一般的な日本企業の傾向です。「なまじ勉強した奴は使いにくい」というのがその理由です」（『還暦からの底力』）。私の経験では、スタンフォード大学やマサチューセッツ工科大学の学生はものすごく勉強する。日本とこの点は著しく違い、自分のスキルを磨くことに熱心である。

ＧＡＦＡ（Google、Apple、Facebook、Amazon の頭文字）やユニコーンはどのような企業なのか。ダイバーシティがあり、かつ高学歴な人たちの組み合わせで、学歴の内容もダブルドクターやダブルマスターが多く、しかも数学と音楽や、物理学と歴史学というように、文理の別を越えて好きなことを極めている人が目立つ。こういう人たちが議論していく中で新しいアイデアが生まれるのだろう。

時代は大きく変わってきている。前記の日本の従来型価値観ではグローバルには通用しなくなってきている。そのことを白日の下に晒しているのが今回のコロナ禍であると言っても過言ではない。

特に、テレワークによるコミュニケーションは従来の密による対面のコミュニケーションとは次元の異なる生活様式や価値観を良い意味で強制することになっている。テレワークの時には一人になる時間が増えるので、孤独に耐えて思考する力や学習を継続する能力が強く求められる。体育会的ワイワイガヤガヤの「ノリ」だけでやっていける時代ではない。沈思黙考による思考力、自分独自の考え方の提示が重要になる。

以前にも述べたが、物理学の巨人であるニュートンはペストが流行した（1665年）ロンドンを避けて疎開した実家で万有引力という大発見をした。これを彼は「創造的休暇」と呼んだそうだ。それから240年後、アインシュタインも特許庁で働きながら、独りで特殊相対性理論を作り上げた。二人とも孤独をこよなく愛したのである。繰り返しになるが、今度のコロナ禍は新しい才能が開花するチャンスをもたらしてくれるだろう。

（2020年8月）

同調圧力

最近、「同調圧力」という言葉を、度々耳にする。また、今年の6月には『同調圧力』（角川新書）という本が出版された。著者は新聞記者の望月衣塑子、元文部科学省事務次官の前川喜平、元NYT東京支局長のマーティン・ファクラーの三人である。同調圧力とは何であろうか。

望月記者が菅官房長官に鋭い質問をし、官房長官の機嫌を損ね、オフ懇（オフレコ懇談）をやらない状態が続いていることは事実である。菅氏がモリカケ（森友・加計）疑惑を始めとして、「黒い疑惑」を「白だ」と言い続けたり、「あなたの質問に答える場じゃない」と言い放ったりする傲慢で独善的な態度も問題であるが、同調圧力とは、記者たちが権力と対峙せず、政治家の顔色をうかがいながら接するようになれば、結果的に「国民の知る権利のため」という大きな役割を放棄するようになることである。政治や権力の闇を糾弾するのではなく、その片棒を報道側が担ぎ始めるという「忖度」による自壊の構図である。マーティン・ファクラー氏は「日本の記者クラブの報道は、（権力者側を取材する）アクセスジャーナリズムにほかならず、権力者から一歩引いて、権力者と違うファクトを出していく〝調査報道〟とは異なる。役人たちに依存し、プレスリリースなどの情報をもらえなくなるため、怒らせることを避けて批判ができない」と述べている。まさに、忖度記者で、権力者のチェック機関から、権力者とともに歩む立場になっている。御用記者とも言えるだろう。彼らは何を追求しているのだろうか。真実の追求ではなく、記事のネタをもらうために、権力側にすり寄っていく姿であり、「真実ファースト」ではなく、結果的に「自分ファースト」の世界である。

官僚の世界ではどうであろうか。前川元事務次官は次のように述べている。「日本の公務員の仕事を揶揄する言葉として「遅れず、休まず、働かず」がある。「何もしない」という同調圧力である。なまじ前向きに仕事をしていると、周囲から「お前、何しているんだ」という視線が向けられる。だから、自分の意見を持っていても、「面従腹背」の姿勢を貫き、忖度の態度を決め込む。まさに、「上手くやろう症候群」に陥る。」また、前川氏は、こうも続ける。「……社会には秩序が必要だ。人間同士が分断され競争する中で、秩序を保ち、社会を成り立たせるためには、国家権力のもとで上から秩序を与えるしかないということになる。権力が上から与える秩序は、同調圧力と忖度によって増幅され、人々は自由と連帯を失い上位権力のもとで萎縮する」と。

自分自身の座標軸を持っていない人は、長いものに巻かれることを善と受け止め、強い権力に同化させることで、自分のアイデンティティーを持とうとする。気付かないうちに同調圧力に屈し、忖度や萎縮を絶えず繰り返す。これは多くの組織でも見られる光景ではないだろうか。残念なことに、同調圧力に身を任せることが出世の階段を上っていく手段になっている。「自分の思想や理想を持たない人間は権力者に忖度し、権力に隷従する。そういう人物ばかりが次官や局長といった責任あるポストに就いているのが霞ヶ関の現状だ」と前川氏は述べている。

教育行政を司る文部科学省の官僚がこのような実態では甚だ由々しきことである。同調圧力に従い、忖度を繰り返す人は結局、自分の損得勘定で社会や人生を見ている。創造性のかけらもない。私がよく使う拝金主義（地位、金、名誉）の権化であろう。人間というものはかくも拝金主義の価値観から脱することができないのであろうか。少しでも利他的な生き方に関心を持たないのであろうか。自分の基本軸に利他性を追加することが人生をより豊かにすることに気付かないのであろうか。「モノ」の価値観が幸福になる前提だと考えている人は寂しい。結局、「自分ファースト」だから。他人の幸せを第一に考えることで、初めて、自分も幸せになるという「幸せのパラドックス」を深く考えて欲しいものだ。

（２０１９年11月）

インクルーシブ・グロース（包摂的成長）

２０２２年1月に行われた世界経済フォーラム（通称ダボス会議）では地球環境問題の顕在化、拡張主義的経済成長の歪や限界を克服するため、どんな人も取り残さない「包摂性（inclusive）」の重要性が議論されたとか。どんな人も取り残さないとは英語で「No one will be left behind」と言うらしい。この「包摂性」という言葉は今年度の東京大学、京都大学の卒業式の総長告辞でも使われている。東京大学総長の五神真は「均一化と効率化を進めたこれまでの経済成長のもとで、「違い」は切り捨てられがちでした。ところが、その違いを生かすことが可能であり、それこそが、新たなグローバルな価値創造と成長の源泉になると考え方の方向性が変わった」と述べている。まさに、「マイノリティ」や「違い」が価値の源泉になり、「多様性」が新たな意味を持つ時代。「マージナル・マン（辺境民族）」が歴史を作るという命題も現実味を帯びてきている。

京都大学総長の山極寿一も次のように述べている。「……「経済成長は至高の善」という理念が崩れ始めている。……日本の産業界もパリ協定で謳われたSDGs（持続可能な開発目標）を基に、企業倫理や戦略を掲げるようになりました。これからの社会には、地球規模で生物多様性や人間社会を包摂的に捉える思考方法が不可欠になります」と。

資本主義の持つ「成長」への神話から誰もが幸せになり、格差が少ない「包摂性の時代」へと価値観が変わりつつある。今までの経済成長への貪欲性（強欲資本主義）が「格差」を助長し、「拝金主義」や排他的な「自分ファースト」の価値観を蔓延させてきたことは事実である。英国のブレグジット、米国の自国ファースト、中国の覇権主義等々は、そのことを象徴している。

人類を震撼させている新型コロナウイルス感染症の問題は、前記の「自分さえ良ければいい」という「ミーイズム（meism）」「自分ファースト」では太刀打ちできない。しかも、感染症を封じ込めるには短期の隔離は有効でも、長期の孤立主義政策は経済の崩壊につながるだけで、真の感染症対策にはならない。世界的ベストセラー『ホモ・デウス』の著者であるユヴァル・ノア・ハラリ氏は次のような警告を発している。

「今や外国人嫌悪と孤立主義と不信が、ほとんどの国際システムの特徴となっている。信頼とグローバルな団結抜きでは、新型コロナウイルスの大流行は止められない。……だが、あらゆる危機は好機でもある。目下の大流行が、グローバルな不和によってもたらされた深刻な危機に人類が気付く助けとなることを願いたい」と。

人間同士の不和や不信、国家間の憎悪を募らせれば、このウイルスの大勝利に終わるだろう。人間の叡智が試されていると言っても過言ではない。「包摂性」の追求は、「利他性」に通底する。価値観の転換が必要だ。突然襲ってきたウイルスがこれからの人類の生き方を教えてくれているように思う。

（2022年2月）

長続きする知性

人生100年時代には定年後の時間が長い。この長い時間をどのように過ごし、活用するかは思っている以上に重要な問題である。定年後でも新しく創造的な仕事をした人も多い。例えば、半藤史学を打ち立てた半藤一利。福澤諭吉も「一身にして二生を経るが如く」と述べている。定年から15～20年の「黄金の時間」を人生の総仕上げとしていかに実りあるものにするかは大きな課題であろう。

私の友達の中には、定年後、今までの延長線上の仕事を続ける人や、今までの仕事をきっぱり辞めて他の領域で頑張る人も多い。問題はいかに充実した生き方ができるかである。まさに「生きがい」の問題である。惰性で生きたらもったいない、娯楽だけのために生きてもすぐ飽きるであろう。ただ金だけのために仕事をするのはつまらない、他人の目を意識して生きても疲れる。

ご存知のように芭蕉に「不易を知らざれば基立ちがたく、流行を知らざれば風新たならず」という言葉がある。〝流行不易〟である。変わっていけないのは「基」、すなわち基本、本人のコアになる部分の確立が重要である。それを基に時代が要求するものを作り上げることの必要性を説いている。芭蕉にとっての「基」とは伝統的な日本人の感性や和歌の教養ではないだろうか。

さらに、芭蕉は『笈の小文』の中で、「西行の和歌における、宗祇の連歌における、雪舟の絵における、利休が茶における、その貫道するものは一なり」と述べている。「貫道するものは一」が種々の分野で通用するコアになる「知性」で一生の武器、「長続きする知性」である。研究者では「研究の方法論」や「本質を観抜く眼」であり、経営者では「時代を感じる感性」「人の能力を観ぬく眼」である。お世辞や忖度に曇らない知性である。このような能力を比較的若い時に身に付けた人間は定年後も通用する「知性」を手にすることができる。

そのような「長続きする知性」を身に付けた人の特徴は、若い時に苦労しながら、ある分野（どんなに小さくてもよい）で金字塔を打ち立てた人が多い。研究者で言えば世界的な研究成果を挙げた人、経営者で言えば自分の力で新しいビジネスの分野を切り拓いた人である。そのような人は「真理・本質を感じる」力を持っている。それは独力で獲得した能力である。また、このような人に共通しているのは、「他人と比べたり、人を妬む」ことがないことである。「真理の淵」を覗き込んだ実績と自信が、「自分の存在」を担保しているからであろう。

時代は大きく変わろうとしている。ＡＩ（人工知能）、ＤＸ（デジタルトランスフォーメーション）、コロナパンデミックス、ウクライナ・ロシア戦争、そして人生１００年時代と、キーワードを挙げれば切りがないくらいだ。我々はどこに行くのだろう。しかし、芭蕉が述べたように、時代が変わっても不易なものがある。それが「長続きする知性」ではないだろうか。最後に江戸時代の儒学者、佐藤一斎の箴言を改めて明示する（『言志四録』）。

少にて学べば、則ち壮にして為すことあり。壮にして学べば、則ち老いて衰えず。老いて学べば、則ち死して朽ちず。

（2022年8月）

第四章　心の深化

日本は何故ＰＫ戦で失敗したのか

２０２２年サッカーW杯は、残念ながら8強の景色を見ることなく終わった。日本はドイツ、スペインと優勝経験のある強豪を破り、世界を驚かせた。さらに、クロアチア戦では延長戦も含め決着がつかず、ＰＫ戦に持ち込んだ。しかし、ＰＫ戦では残念ながら負けてしまった。何故か！　テレビ等ではいろいろな意見が出ているが、私は「心」の問題も大きな原因の一つだと思っている。もちろん、第一に技術的に優れていることが大事であるのは議論の余地はないが、技術が拮抗している場合には、「心」の持ち方、在り方が、勝負を決める。

まず、ドイツ、スペイン戦で勝てたのは何故だろうか。また、世界ランキングが上のクロアチア戦でも互角以上の戦いができたのは何故か。一言で言えば、負けて元々というチャレンジ精神で臨めたことであろう。この試合に勝たなければ……とか、負けると格好が悪いといった、勝ちを焦る気持ちがあまりなかったのではないかと思う。「勝とう勝とう」という気持ちが強いと自分の中に、〝負けるのではないか〟という「弱さ」が湧き出てくる。これが緊張感を生み、実力が発揮できない状態になる。

前記の勝った試合は、この弱さがあまり出なかった。これは、練習による技術的自信や先に述べたチャレンジ精神によるものだと思う。「勝とう勝とう」という上滑りな闘争心や気負いではなく、ピッチを練習で獲得した技術の発露の場所と考えられる精神構造があったのではないだろうか。ここで勝てたら格好いいとか、自慢したい気持ちや自我の自己実現の気持ちがあまりなかった。〝無心〟の状態で戦えたのだと思う。

一方、クロアチアとのＰＫ戦の時の精神状態はどうだったのか。ここで勝てば、８強入りだ！と気負う気持ちと、ＰＫが決まらなかったら日本が負けるという焦燥感が入り混じって極限の緊張感の中で蹴った。そのため、本来の実力が出せず、戦いの雰囲気に飲み込まれた。ゴールに入れなければならないという強い脅迫感や使命感が自分の弱さを露呈したし、無心の状態では蹴れなかった。意識しすぎると余計な自我が出てくる。

前に述べたように、自我が出てくると、俺が決めてやるとか、失敗したら俺のせいになるなど、余計な妄想が生まれ、本人は試合に集中しているつもりでも、心は「勝ち負け」の結果だけに拘る亡者になる。日頃の練習の身体能力が発揮できない状態になってくる。前のクロアチア戦の失敗はこのような精神状態であっただろうと推測される。

「勝とう勝とう」という精神状態は、逆に自我という弱さを露呈させる。その弱さは心の持ち方であるが、無心の状態になる必要がある。勝ちを意識しながら、その勝ちに固執しない無心の状態である。これを「ゾーン」に入った状態という。勝つことを意識しても、全て上手くいく状態である。しかし、この状態を獲得するには多くの失敗の経験も必要になる。直ぐには達成できない。

東京２０２０オリンピックで金メダルを獲った柔道家の大野将平選手は次のように述べている。「弱さを経ない強さなんて、ない」と。彼のような百戦錬磨の人間が多くの失敗を重ね、勝ち負けの心の葛藤（弱さ）を越えた先に、本当の勝ちにつながる経験をしたのである。その意味で、今回のＷ杯の残念な結果は、どうしても通過しなければならなかった試練であり、４年後につながる重要な経験であったのかもしれない。４年後が楽しみだ。

（２０２２年12月）

私の知らない私に会う

『サラダ記念日』で有名になった俵万智さんは、現在、「女が叫ぶみそひともじ　おしごと小町短歌大賞」の選考委員を務めている。その彼女のインタビュー記事の中で、短歌を詠むことで、「私の知らない私」に会えるとか、短歌を作ってきたことで、日々の暮らしの中で「あっ」と思った時、なんだかモヤッとした時には立ち止まり、今の気持ちは何だろうと振り返る時、それは「人生を丁寧に生きることにつながる」のではないかと、述べている。

「私の知らない私に会う」とか、「人生を丁寧に生きる」とは何を意味するのであろうか。簡単な言葉であるが、実は深い意味があるように思う。

普通に生活していると我々は日々の生活に追われ、自分や人生の意味を改めて考えることはあまりないだろう。しかし、挫折した時や悩んだ時、ふと、自分の「人生の意味」や「存在意義」みたいなものを考えざるを得なくなる。また、仕事や研究においても、出世したいとか、金が欲しいといった俗的な願いは捨てて、無心に仕事に没頭していると「真理」の淵に近づくことができる。それが「人生を丁寧に生きる」ことにつながるのではなかろうか。

では、「真理」とは何であろうか。自分というものの本質（真理）は、肩書きや社会的地位ではないはずだ。そんなものは、時間とともに色あせていくものであろう。ソ連のかつての将軍のように、軍服に勲章を幾つも並べて誇示しても滑稽ですらある。中身が重要なのである。中身とは？　自分が社会や人類に貢献した内容である。それこそが、自分の「存在意義」を担保してくれる。

そうは言っても、世の中は社会的地位や学歴によって、未だに評価しているのが現実である。仏教でいう「煩悩」の欲の世界に耽溺しているからである。このブログでも述べてきたように、煩悩の世界は、嫉妬、自意識過剰、勝ち負けに拘る、論理の世界である。この世界は「自分ファースト」の世界でもあり、普段の生活は、その真っただ中である。我々は「自我」の世界に生きており、ほとんどの人が、他人と比較しながら生きているのが常であろう。

「自分ファースト」の生活をしていると飾った自分、他人と比較した人生を歩むことになり、永遠に「本当の自分」に会うことはできないし、「上面の人生」しか歩むことができないと思う。何故だろうか。それは、「真理」と向き合っていないからである。

真理と向き合うためには無我の状態、挫折や不幸に遭遇して、改めて自分の人生を見つめ直す状態、研究では、無心に物事の本質を見極めようとする状態が必要になる。この状態は、自分のことよりは「他人ファースト」の状態である。そのような状態を続けていくと、初めて「真理」の淵を覗くことができる。こうなると、逆説的に、「私の知らない私」に会ったり、「人生を丁寧」に生きることができるのではなかろうか。平易な言葉で言うと「人生で最も大切なもの」に気付くのである。

ここで、真理に迫るとは何かの例を挙げよう。

小林秀雄は「道を開くのは歴史であり伝統である。人の力ではその門を開くことはできない。人間が歴史を解釈するのではない。歴史が人に自らの姿を開示する」とまで言っている。ここまで行くと本物である。作家が小説を書いている時に、小説の中の主人公の方から作家に語りかけてくるとよく言われている。これも同じだろう。

ミケランジェロも「全ての大理石の塊の中には予め像が内包されているのだ。彫刻家の仕事はそれを発見すること」「大理石の中には天使が見える、そして彼を自由にさせてあげるまで彫るのだ」と言っている。夏目漱石の幻想小説『夢十夜』でも運慶が、「眉や鼻が木の中に埋まっている。それを鑿（ノミ）の力で彫り出すまでだ」と。

「真理」は自分の力で探り当てられるものではなく、既に存在しており、真理自らが開示するまで待ち、精進を続けなければならない。あくまでも謙虚でなければならないのである。

最近のニュースを見ていると、人を騙すためにフェイクニュースを流したり、短絡的に人に暴言を吐いたり、最後には人を殺めたりする悲しいことが日常茶飯に起こっている。また、政治家、教職員等の言行不一致の問題も目に余るものがある。これらは、全て、「自分ファースト」の感情から生まれるものである。この状態だと折角の人生も「本当の自分」を発見することなく終わってしまう。残念なことである。

（2022年9月）

「中庸」が語りかけること

「中庸」と聞いて、「バランスを取ることだろう」と軽く言う人と何か小難しい言葉だなと考える人がいると思う。『論語』の中で、「中庸の徳たるや、それ至れるかな。民鮮（すくなき）こと久し」と賛嘆されているが、何か難しそうだ。アリストテレスも「何事も行きすぎてはいけない、また不足があってもならない。幸福な状態とはその中間、つまり中庸にある」と。何だか、意味深である。

まず、中庸の「中」とは、喜怒哀楽の感情が外に現われないで「内」に統一されている状態である。「無心、空」の状態である。また、心の中が正しければ、外に発せられる意識や感情も純粋に正しいものになる。この状態が中庸で「正心」とも言う。ここでのキーワードは、「無心」「内」「正心」である。

ところで、ここで説明したいのは「心」の二層構造（位相）のことである。「心」は二層に分かれていて、一層目は、普段我々の考えを司っている領域で、他人と比較して嫉妬したり、勝ち負けに拘ったり、出世のことを考えたり、しいて言えば、「自分ファースト」の世界を牛耳っている場所で、「自我」を支配する領域である。仏教では煩悩を支配するところとも言われている。また、合理的思考や効率的思考を重んじる領域、つまり、今流行りの「ＡＩ」が得意とする分野で、この領域の「心」と大脳皮質のキャッチボールによってこれらの合理的思考は行われている。簡単に言えば、「学校秀才」で、試験で素早く高得点を獲得する能力を支配している領域である。

一方、二層目の「こころ」の領域は一層目と表裏一体となっており、「無心」「無我」の「こころ」の状態を支配するところである。結論を先に言えば、中庸の「中」の状態を司る場所である。この「こころ」領域で思考すると、「自我」や「煩悩」がないので「正心」の状態が保たれており、バランスが取れた正しい判断が行われる。また、自分よりも「他人ファースト」の世界を志向する場所でもある。この「こころ」の場所は無我であるので、直観力や創造性を涵養する領域でもある。つまり、煩悩に邪魔されない真の「自分」が現われてくるところである。この二つの「心」の領域を理解して中庸について考えてみよう。

中庸の状態でいると三つのことが可能になる。一つ目は、バランスの取れた正しい判断ができる能力（正心）。とかく人間は、正しい判断をしているように見えても、よく見ると、意識、無意識にかかわらず、「自分のため（自分を守る）」に判断している場合がほとんどである。これは先に述べた「心」の一層目で判断しているからである。これは、生きていく上で自分の身を守る必要があるから、仕方がない部分ではある。

二つ目は、「創造力」である。中庸は、正しいものを生成して発展させる根本的な働きがあるので喜怒哀楽のような異質のものを結び合わせて（新結合）、新しいものを生じさせる能力がある。自我に邪魔されると創造性が発揮できなくなる。よく、創造の瞬間のことを語る人が、その瞬間は無我夢中で「無心」の状態であったと言っているのを聞いたことがあるが、それは二層目の「こころ」の場所で考えているのである。これが達成できれば金が儲かるとか、出世するようなことは考えていないから、創造力が発揮されるのだと思う。

三つ目は、「声なき声を聴き、形なきものを観る」能力である。本物を観抜く能力であり、心耳や心眼と呼ばれている。二層目の「こころ」の領域でモノを観たり、聴いたりできるのは自我に邪魔されていないからで、宮本武蔵の「観見二つの事」、芥川龍之介の「末期の眼」、世阿弥の「離見の観」（自分の姿を離れたところから観る能力）につながってくる。これが「中庸」の「こころ」で観るということである。

中庸の能力とは、繰り返すが、①真のバランス力、②創造する力、③見えないもの（本物）を観る力である。この「こころ」（二層目）を獲得するために、古くから瞑想や座禅をして、自分の内面（無我の境地）に深く侵入し、覚醒を得ようと努力している。また、挫折や失敗により、「何で、どうして、私が……」と悩み抜いた末に、自我や煩悩に毒されていない本当の自分の「こころ」の深淵を獲得すると言われている。

自我や「モノ」に重きを置く一層目の「心」と無我や利他が支配的な「こころ」との相互作用によって人生は成り立っていることは事実である。宗教家の本山博はこの二つの「心」の動きについて次のように述べている。

「仏教的宗教は、物を否定する方向で、精神的なもの、悟りの世界ばかりに目が向いている。「モノ」の力強さも認めなければならない」と。この点も重要な視点である。

次回、西洋思想と東洋思想について詳細に述べるが、西洋は自我が支配的で、「モノ」に価値を置く一層目の「心」の領域でデカルトを始めとする西洋哲学が確立されたと言っても過言ではない。一方、東洋の仏教は、無我や無心に重きを置く二層目の「こころ」領域で東洋哲学が成立した。このように考えると、「心」の二層構造は人間の存在や生きる意味を考える上で非常に重要な要素であろう。さらに思考を深めたい。

（2021年11月）

心の壁

2003年に養老孟司著『バカの壁』（新潮新書）が上梓されてから、既に20年近く経つ。それ以来、「○○の壁」という本が数多く出版され、最近では『80歳の壁』（和田秀樹著）も出されている。現代人はいつの間にか、自分の周りに様々な「壁」を作っている。例えば、話が通じない時、情報を遮断しているものを、養老孟司氏は、「バカの壁」と名付けた。大雑把に言えば、いずれも何らかの情報に対して、脳が拒絶反応をしている状況。このような壁はほとんどが気付かないうちに自分自身が設定している。例えば、あるイデオロギーや考え方に凝り固まっている人はそれ以外の意見を聞く耳を持たなくなる。まさに、イデオロギーの壁である。その壁の中にいると、心の安らぎや自己満足が得られるように見えるが、多様性の視点から見ると程遠い状態で、〝バカ〟の状態である。

心には二つの階層がある。

一層目は、普段の我々の考えを司っている領域で、他人と比較して嫉妬したり、勝ち負けに拘ったり、出世や金のことを考えたり、強いて言えば、「自分ファースト」の世界を牛耳っている場所である。「自我」を支配する領域であると言ってもいい。仏教では人間の煩悩を支配するところとも言われている。また、論理的思考を重んじる領域、つまり、今流行りの「ＡＩ（人工知能）」が得意とする分野で、この領域の心と大脳皮質のキャッチボールによって、ちょっと見では合理的思考が行われている。簡単に言えば、「学校秀才」で、解答が一つしかない場合の試験で素早く高得点を獲得する能力を支配している領域でもある。この領域の「壁」は厚く、ちょっとやそっとでは飛び出すことはできない。飛び出したと思っても、いつの間にか戻ってきている。厄介な壁であるが、ほとんどの人間がその壁の中にいて、悩んだり、時には勝ち誇ったりと人生を送っている。悪く言えば別の世界があることが分からない。

一方、二層目のこころの領域は一層目と表裏一体となっているが、硬い壁が張り巡らされている。「無心」「無我」のこころを支配するところである。このこころの領域で思考すると、「自我」や「煩悩」がないので「正心」の状態が保たれており、バランスが取れた正しい判断が行われる。まさに「中庸」の状態である。また、自分よりも「他人ファースト」の世界を志向する場所でもある。「利他の心」が宿る場所。この二層目のこころの場所は無我であるので、直観力や創造性を涵養する領域でもある。つまり、煩悩に邪魔されない「真の自己」が現われてくるところである。しかし、なかなかこの領域に入り込むことができない。

再度、一層目の心の状態について考えてみよう。この領域の価値観は、前記したように、比較・相対主義、そこから生じる嫉妬、勝ち負けに拘る、出世主義、拝金主義、合理主義等々である。要するに「欲」や「自我」で、理屈を捏ね回しながら「自分ファースト」を実現する心の動きである。この壁の中から抜け出すことは難しい。例えば、学歴や肩書きで人を評価してはダメだと声高に叫んでいる傍から、まずは学歴や肩書きで評価している自分に気付く。また、金なんて「天下の回りもの」と言っていてもニンジンを目の前にぶら下げられるとつい、目が眩む場合が多い。それに対して批判すると、生身の人間だから多少の金が必要だとうそぶき、自分を正当化する。誰でも経験があると思う。だから、仏教では「煩悩」と言って戒めているのである。

また、心の一層目は合理的、効率的に考える能力を司る領域で現在のＡＩが目指す「自動化」の技術に長けている。設定されている問題に対しては力を発揮する。一方、二層目の「こころ」の場所は、「自律化」が得意な領域で、自らの考えや行動を「作り出す」能力を涵養し、人工知能と対比して「生命知能」と言われ、人間の持つ創造性を発揮する場所である。では何故、そこで、創造性が生まれるのか?!　他人を意識して比較する気持ちや出世や金のことを考えることなく、無我・無心の気持ちで問題に向かえるからであろう。周りの擾乱（欲や野心、そして評価）に惑わされることなく対象に打ち込めるからである。スポーツで言えば「ゾーンに入っている」状態である。自分であって自分でない状態（忘我）、それでいてやることなすこと全て上手くいく、まるで神が自分に乗り移っているような状態。

では、どうしたら一層目の硬い殻を破って、二層目のこころの状態に行けるのか。それは、人生において大きな挫折を経験した時と言われている。悲劇的な挫折を経験すると、「自分とは何であるか」「自分は生きる価値があるのか」といった人生における根源的な問いを考えるようになる。そうすると、一層目の他人と比較する価値観など取るに足りないように思えてくる。より深く自分という存在に迫ろうとするその深い洞察が、二層目の扉を開くのである。そうして、辿り着いたところで、「我欲」に曇っていない「真の自己」に会えるのである。我欲のない無私の状態でものを見る目は「末期の眼（芥川龍之介）」のように本物を見抜く能力を持つ。だから創造力が発揮できるようになる。

東京2020オリンピックで金メダルを獲った柔道家の大野将平選手の言葉「弱さを経ない強さなんて、ない」は考えさせられる。この弱さとは「勝とう勝とう」とする勝敗に拘る一層目の心の状態である。オリンピックのような大舞台では緊張して実力を発揮できず負けてしまう。しかし、そのような苦い経験をすることにより、心の二層目に到達できるのである。そこでは「忘我」の状態になり、勝ち負けの心の葛藤（弱さ）を越えた先の本当の勝ちにつながるのである。

同じように「苦しみを克服した人にしか、〝運〟はないんだ」という西田文郎（サンリ会長）の言葉がある。一代で大きなことを成し遂げた人は、自分の努力ではどうしようもない様々な逆境、ピンチを切り抜けてきている。その時初めて「運」というものを体感する。だから、会社を急成長させた若い経営者などを見ていて、「この人はツイでいるかもしれないけれど、運はないかもしれない」と感じたりすることもある。「運」と「ツキ」の違いである。運は二層目のこころに宿るのだろう。

長くなったのでここで筆を置くが、世の中に残るような創造的な仕事をした人は、必ずと言っていいほど、大きな失敗や苦労・挫折を経験し、一層目の心の壁を破り、二層目に到達した経験のある人たちである。前にも述べたことがあるが、俳聖松尾芭蕉の宇宙と一体化した感慨、西田幾多郎の「絶対矛盾的自己同一」の難解な哲学、湯川秀樹の「中間子論」、小林秀雄の「美しい花はあるが花の美しさはない」と言い放った「観念の壁」に毒されていない審美眼にしても、二層目のこころの状態（自我を捨て去った真の自己）を経由することによって生み出されたものであることを付け加えておきたい。

（2022年6月）

西洋思想と東洋思想（1）
――デカルトが提示した考え方

「何故、西洋に近代科学革命が起こったのか」と、この10年間、疑問に思っていた。さらに、西洋哲学と東洋哲学の違い、「創造性」を発揮するにはどちらの方が向いているか等々、思考の軌跡は迷路のように蛇行している。ここで紹介するのは、前記の疑問に対して現時点での解答である。

17世紀の科学革命の思想的バックグランドはデカルトによってもたらされたと言っても過言ではない。彼は次の三つのことを提案している。

第一は、自然を人間と対比・対照化して機械と見做す、「機械論的自然観」であり、人間と自然の「相対二元論」の提案である。「思惟」する人間との対比で自然を捉え、物体の本性を長さ、幅、深さからなる「延長」と考える。そこでは自然の持つ生命原理は捨てる。一方、これが現代の「環境破壊」「資源枯渇」「SDGs（持続可能な開発目標）」の問題につながっていることも事実である。

第二は、「要素還元主義」の提案である。「機械」の延長であるモノをギザギザに刻むと原子・

分子になる。生命や意識を取り除いて、形、大きさ、運動だけを持つ微粒子の集合というように自然を「還元」する。この考えがニュートン力学や物質とは何かを解明するキャベンディッシュラボのラザフォードの実験手法（アルファ粒子を高速でぶつけ、飛び出してくる粒子の性質を調べる）にもつながっている。全体を要素に還元しても、全体の姿は分からない。何故か。全体は要素の集合ではないからである。簡単な生命体であるアメーバさえ合成できない。このことを考えると要素と要素との間からすり抜けている何かがある。

以前、ブログで次のように述べたことがある。「還元主義は、上記のように我々がその恩恵に浴している近代科学を生み出したことは事実である。それには以下に示すように大きな魅力がある。それは複雑な現象を数個の変数に還元し、本質を射る（正鵠を射る）という方法論である。

例えばニュートン力学では、多様な物質を速度と質量以外は持たないと定義し、様々な質的な差異を速度と質量に還元するやり方をとる。そして、F（力）＝m（質量）xa（加速度）、a＝dV／dt（速度の時間微分が加速度）という有名な式を生み出した。この考え方が上記の科学革命を可能にする世界観につながっていく。アインシュタインはエネルギー（E）を質量（m）と光の速度（C）に還元し、E＝mC^2という式を導き出す。これは「エネルギーも質量も同じものでどちらにも変化しうるもの」と言い換えられる。」

第三は「因果論」の提案である。これは全ての現象（結果）には原因があるという考え方である。今の物理学や化学理論の基本になる考え方である。近代科学もこの手法で発展してきた。しかし、現在では、量子力学や複雑系では厳格な因果関係が成り立たなくなることも分かってきている。むしろ、確率や統計的手法の方が重要になっている。ＡＩ（人工知能）も因果関係よりは相関関係に重きを置き統計的手法を使っている。

前記の三つの考え方が、現在問題になっているアメリカニズム、グローバリズムや拝金主義の価値観を生み出している。その根本のところに、前記した「相対二元論」がある。相手を常に相対化して比較するやり方である。現在の競争社会の元凶である。地位、金、名誉等のあらゆる問題を他と比較しながら相対の基準で生きている。その結果、嫉妬心や憎しみなど様々な感情が生まれて自他を蝕んでいく。つまり、煩悩の火で焼き尽くされている状態である。

これは、心の一層目の領域（自分ファースト）で思考しているのである。このように対象を相対的に比較して生きるやり方が、アメリカニズムの市場原理主義、新自由主義的経済、技術至上主義、強いては拝金主義を生み出している。拝金主義とは、「地位、金、名誉」によって人を評価する社会の価値観である。この価値観では「心（精神）」よりは「モノ」に重点を置く社会になる。さらに進むと、一神教のキリスト教においては、「世俗的に成功することが、神に選ばれた証」という考え方も出てきて、まさに、拝金主義を肯定するイデオロギーに毒されて格差が著しく進むことになる。これが、「相対観」が行き着くなれの果てだろう。これに対して、「相対観」で物事を判断する人は決して大成しない。自分という小さい枠に囚われて、大きな視野を失う。逆に、私利私欲を捨ててでも社会全体を良くしようという大我を持つ人材から大成する人物が現われる」と言われている。これがこころの二層目で考える生き方（他人ファースト）である。

事象（物事）を徹底的に相対化し、対照化して世界を観るやり方で成功したのが近代科学革命である。見える世界だけを信じ、理論と実験により、少しずつ見える領域を広げていったのが現在の物理・化学の学問体系である。これは、あくまでも心の一層目で合理的に考える方法論である。それが、素粒子の世界まで解明していった。凄い威力である。しかし、それが、前に記したように社会に大きな歪をもたらしていることも事実である。それが、一層目だけで考える知性の限界であろう。ここから、東洋哲学の出番である。次回に述べるが、「二元相対論」ではない、「一元絶対」、般若心経の「色即是空　空即是色」の哲学が必要になる。

（2021年11月）

西洋思想と東洋思想（2）——東洋的考え方

前回のブログ「西洋思想と東洋思想（1）」で、デカルトが提示した「相対二元論」を説明した。自然を相対化し、要素に還元化し、因果関係（実験と理論）を徹底的に追究するという方法論により、近代科学革命が起こり、現在、我々もその恩恵に浴している。しかし、この方法論により、環境破壊を始めとする生物多様性の減少、気候変動等々の問題が噴出し、46億年の地球史から見てもこれまでになかった一つの時代として「人新世」という新たな地質時代が始まっている。このパラドックスをどう解決すればよいのだろうか。東洋哲学は何を語っているのだろうか。

「西洋は自然と対立するのに対して、日本は自然と融合相即して考える」「日本文化の底に流れる少なくとも一つの重要な精神は、欲を膨張させ自己利益を求めるような自我の否定である。無私にせよ、無我にせよ、この自己否定のうちにこそ、自ずと真実の自己が立ち現われてくる」と九鬼周造氏は述べている。「自己否定において自己を肯定する」である。どういう意味だろう。さらに、佐伯啓思氏は、「個人の個性がもたらす強い意志や知的な意図において自己の欲望を実現するところに自由をみるのではなく、自己を無にして物事のあり様にそのまま従うところに「自ずから」自由が実現される」という考えがあったと述べている。これが本居宣長の「神ながらの道」につながってくる。この場合の自由とは最大限の自己実現ではなく、物や自己への執着からの解放である。我執から脱却できた時、「物となって見、物となって行う」のであると。

一旦、「自己を否定してこそ、本当の自己が現われてくる」とは、前半の自己とは自我にまみれた自己であり、後半の自己は無我の境地の自己であると解釈される。「心」は前回に述べたように二層構造をしており、一層目は自我を司る領域で、勝ち負けや論理的思考の支配するところである。二層目は無我の自己を実現する領域で、この場所で思考することで本当の自己（煩悩に毒されていない）が立ち上がってくるという意味だろう。

西洋の「二元相対観」を追求する一層目で考えるのではなく、一旦そこにある自己を否定し、二層目の領域で思考することが重要であると東洋哲学は述べているのである。このような考え方は日本文学のいろいろなところに現われてくる。

日本人の風雅は、夜空の月をまじまじと見上げるのではなく、うつむきながら、水面に映る月を見ることを楽しんだ。水面の月は実体ではない。仮像である。すなわち水の上に浮かぶ月は「無」の上に姿を結ぶ「色」である。月を浮かべる水は一点の濁りもなく、澄んでいなければならない。澄んだ水は無自性である。そこでこの澄んだ水を人の心の在り方（二層目のこころ）だとすると、夜空に見える月という実体への執着を離れた清浄のこころには、月の持つ儚い一時の美が無常観とともに映し出されるであろう。だから、月は目で見るのではなく、こころで観るのである。逆説的に本当の月は澄んだ水面に映る月かもしれない。

同じことが「生」と「死」でも言える。「生」の否定は「死」である。とすれば、「死」を前提にして「生」へ戻ってくれば、「生」はこれまでとはまるで違った意味を持つであろう。これが、芥川龍之介の「末期の眼」である。死という「無」に映し出された生は儚くも美しい一瞬の輝きを持つようになる。ここまで来ると、自他の区別なく、生死の区別なく、全てが一つということになる。芭蕉も大宇宙と一体化することにより、「古池や蛙飛び込む水の音」という名句が生まれたと鈴木大拙は『禅と日本文化』で次のように述べる。

「古池を永遠なる自然の生命の象徴と捉える。そして蛙が飛び込むポチャンという音は、永遠の生命から比べれば一瞬に過ぎない人間の一生。つまり、一瞬に過ぎない二度とない人生の時間を嘆き悲しみながら過ごすことの虚しさ……。逆に生を惜しみながら感謝しながら生きることの大切さを説いたのがこの句だ」と。

西田幾多郎の「絶対矛盾的自己同一」の哲学も次のように解釈される。

「AはAである」は自己同一性である（西洋哲学の考え方）。「AはAでなくしてAである」は、存在（有）の背後に無を見る。存在の背後に存在がない「無」という状態を透かし見る。この時、存在をそのまま見るのではなく、その背後にまわらなければならない。後ろにまわって「何もない」ところに一度は立たねばならない。そうすることで、再びAに戻るがそれはただ元のままのAではなく、いわば真の「A」というべきものである。

ある物事をそのままの実体として見るのではなく、一度それを否定して、無や空の方に押しやって、その無や空において物事を改めて観る思想が東洋哲学である。

我々は自分と他人を比較してささやかな優越感を得たり、富や金をさりげなく自慢したり、虚栄心から調子に乗って自分を飾りたてたりする。愛するものがあれば相手からの愛をも要求するだろう。他人に対する優越感の確保、地位や富の獲得、愛の対象を手に入れること、これこそが「生の充足」だと思っている。

しかし、まさにそのことが、「苦」をもたらすのではないか。他人と比較ばかりしていれば、いつも他人の目を気にして心が休まらず、嫉妬は人を悪魔にまで仕立てる。地位や富への執着は、地位から転落する不安に苛まれる。富への執着は無限に満たされない。仮に、一時的に名誉も地位も富も愛も手に入れたとしても、いつかは失われてしまう。こうして「生の充足」をはかることそのものが「生の苦痛」につながる。前に記した近代文明がもたらした負の部分と同じである。

ではどうすればよいか。仏教が出した答えは「全てのものは移りゆき生滅する。だから、確かな実体などこの世にない。そして、そのことの覚りにより、全ての苦悩から解脱して心の安息を得る。この世の中の全てが、その本性は空（無）であり、決して実体を持たない。どんなに美しい花もその底に「無」を持っており、すぐれた人物も本生は「無」である。いくら栄華を誇り、富を蓄えた王朝といえども根本に「無」を宿している」。この無常観が、般若心経の「色即是空空即是色」である。

ここまで来ると、「自己を否定してこそ、本当の自己が現われてくる」という考え方も、単なる言葉のレトリックでないことが分かってくる。大きな挫折をした時、今までの自分を見つめ直すということは、過去の自我にまみれた自己を否定し、本当の自分に会えるきっかけになるだろう。真の自分を見出すことで覚醒するのではないだろうか。

奥が深いが、東洋哲学のように、見えている物事をまず否定して（ワンクッション置いて）、違う土俵（二層目のこころ）で観つめ直す方法論も重要に思われる。

二回にわたって、西洋思想と東洋思想について述べてきたが、少しは理解できたであろうか。しかし、本山博氏が述べた、「仏教的宗教は、物を否定する方向で、精神的なもの、悟りの世界ばかりに目が向いている。「モノ」の力強さも認めなければならない」という言葉も注視する必要がある。前記した、西洋哲学の「AはAである」という自己同一性と東洋哲学の「AはAでなくしてAである」という矛盾的自己同一性の両者のバランスが必要に思われる。これこそが「中庸」ではなかろうか。また、バランスを取るために必要な二層目の「こころ」のつなぐものは何であろうか。さらに、深みに行かなければならないだろう。

（2021年11月）

アドラーの心理学

17世紀の科学革命によって確立された近代合理主義や還元主義の思想はデカルトやＦ・ベーコンによって始まり３００年くらい続き、戦後はポストモダンの時代に入っていく。近代合理主義の思想には還元主義の他に「原因論」と「客観主義」がある。

「原因論」とは、何が原因でこうなったのかと、物事を「原因」で捉えるやり方である。因果を追求する方法論で現代の科学技術の基本になっている。「客観主義」とは全てのものは客観的に把握できるという考え方で、客観的でないものは認めない、見えるものしか認識しない、観念的なものは認めない、といった科学思想になっていく。

これに対して、精神科医のアドラー（１８７０～１９３７年）はまったく逆のことを言っている。例えば、「原因論」ではなく、「目的論」が重要であると考える。人間の行動には必ず目的がある。だから、変えられない過去や原因に拘泥せずに、これから何に向かって、何を目標に努力するかが大切で、未来志向が重要であると。精神科医ならではの現実的な発想である。また、「客観主義」ではなく、「認知論」であると。客観的に全てを把握し、理解することは無理で、むしろ、その人の主観や独自のバイアスを通して物事を見ることが重要である。だから、その人にとっての真実は、別の人の真実と全然違ってよいと。特に社会・政治・経済等の分野では、人それぞれに見方、考え方があり、それによって客観的と思われていることが主観になり、逆もまた真なりである。歴史の真実はそれぞれの個人により、異なってくる。それが独自の史観となる。歴史の事実と真実は違う。

さらに、ポストモダンでは、「還元主義」は「全体論」になる。還元したものを集めても全体を現わすことはできない。特に生命を持つものは、「全体」は「部分」の集合ではない。だから、最初から「全体」の立場から論じなければならない。近代科学を牽引した方法論「原因論」「客観主義」「要素還元主義」の考え方から、「目的論」「認知論」「全体論」に変わり、ポストモダンの考え方につながっていく。視点が変われば新しい考えが生まれてくる例である。

精神分析の創始者のフロイトとの確執もあったアドラーの凄さは、早い時期にポストモダンの世界観や手法を展開している点である。詳細は避けるが、フロイトが、「リピドー（性的衝動）」が人間のパーソナリティの基礎であると考えたのに対して、アドラーは「劣等感」を「リピドー」に変わるものとして提唱したのである。心の苦しみの原因を過去と客観的な事実にみるフロイトの理論とは違い、アドラーは「目的論」的に論じている。

ここで、アドラーの箴言について紹介したい。

アドラーは、この世界、人生、自分についての意味付けを「ライフスタイル」と呼んでいる。自分のことを自分がどう見ているか（自己概念）、他者を含む世界の現状をどう見ているか（世界像）、自分および世界についてどんな理想を抱いているか（自己理想）、この三つをひっくるめた信念体系がライフスタイルであるとアドラーは考えていた。このライフスタイルを決定する影響因を「遺伝」と考える人が多いが、アドラーは、「大切なものは何が与えられているかではなく、与えられているものをどう使うか」だと考える。人間は「何が与えられているか」に注目し、自分の能力に限界があると考える。そして、課題に取り組まなくなると警鐘を鳴らす。

アドラー自身、子供の頃にくる病を患い、大人になっても身長が154センチしかなかった。そのため、「器官劣等性」から生じる他者との比較による劣等感に悩む時期があったが、やがて他者との比較ではなく、自分の目標と現実とのギャップによる「劣等感」に転換していく。この自分との比較（現状と未来）による劣等感は進歩向上のモチベーションになると力説する。競争する相手は他人ではなく自分であると。

さらに、人間の本能的欲求である「優越性の追求」を、多くの人は誤解しているとアドラーは言う。我々は競争社会で暮らしているため、「優越性の追求」を「他者より優れていようとすること、他者を蹴落としてまで上に上がろうとすること」と考えがちである。アドラーが言う「優越性の追求」とは他人を押しのけて上へ上へと向かっていくようなものではなく、平らな地平を皆が先へ進もうとすることである。自分が、ただ前を向いて確実に一歩前に足を運ぼうと意識している限り、全ての基準は自分である。自分が今いる場所から少しでも前に進むことができれば、それが「優越性の追求」になると考える。人生の課題に直面し、それを克服することが優越性の追求であると。

また、課題に直面して、真にそれを克服できる人は、ただ自分のためにだけ優越性を追求するのではなく、「他の全ての人を幸福にすること、つまり「他の人を利する」仕方で前進する人である」と言われている。他者に貢献する意識や視点を持つようになると自ずと誰かと競い合おうという意識はなくなってくる。「個人の心理学」を確立したアドラーならではの言葉である。このように、人間として幸せに生きる要諦は、①他人と比較しない、②自分の内面の成長、③利他の心、であることが分かる。

（２０１９年８月）

大宇宙を観るとは――本当の自分に会う

芭蕉の句で、「古池や蛙飛び込む水の音」は有名で、知らない人はいないと思う。皆さんはこの句をどう解釈するであろうか。普通の人は、「山の中の静かな古池に蛙が飛び込んだ。ポチャンという音が静寂を破り、暫くすると更なる静寂が広がった」(境野勝悟、東洋思想家)と解釈するであろう。私もそう考えてきた。しかし、禅の泰斗、鈴木大拙は『禅と日本文化』で次のように解釈する。「古池を永遠なる自然の生命の象徴と捉える。そして蛙が飛び込むポチャンという音は、永遠の生命から比べれば一瞬に過ぎない人間の一生。つまり、一瞬に過ぎない二度とない人生の時間を嘆き悲しみながら過ごすことの虚しさ……。逆に生を惜しみながら感謝しながら生きることの大切さを説いたのがこの句だ」と。皆さんはどう思うであろうか。

芭蕉は鎌倉時代の禅僧で曹洞宗を開いた道元禅師の思想的影響を受けたと言われている。また、彼は、37歳の時に江戸に出て深川に芭蕉庵という庵を結ぶ。その時、名僧、仏頂和尚に禅の知恵や生き方を学ぶ。その頃できた句が、先程の「古池や……」であり、俳聖、芭蕉が大きな悟りを得た時期と重なる。大宇宙と一緒になった感慨であろう。鈴木大拙がこの句を前記のように看破したのも凄い。おそらく、この句に大宇宙を観て、そして、芭蕉や宇宙と一体化したのであろう。

「深く掘れ、そこには大宇宙がある」「自分が立っている所を深く掘れ、そこからきっと泉湧き出る」（高山樗牛）、あるいは、「一芸に秀でる者は多芸に通じる」等々の箴言は何を意味するのであろうか。ある問題を深く深く考え、内向していると自己の奥底に自己を超えた絶対者（神）に気付く。自己の内に自己を否定する絶対者がある。明らかな「矛盾」である。しかし、その矛盾がなければ自己という自覚がありえない。これが、西田幾多郎が言う「絶対矛盾的自己同一」の思想である。とても難しそうに見えるが、自分の内なる神（本当の自分、あるいは「無」という、ここでは「無」の思想には深入りしない）と会話できるようになることが重要で、そのためにはまず、自己否定、無我（忘我）にならなければならない。俺が俺がという自我の気持ちが強いと自分の内なる神を感じることができない。その状態は小我（煩悩）の状態で遊んでいる小人である。

　この自己否定というパラドックスを通じて、初めて、本当の自己の自覚を持つ。この状態になって、初めて、宇宙との一体感や創造的世界に浸ることができるのである。世界に冠たる創造的な仕事をした人は必ず、このようなプロセスを経験している。京都大学教授の佐伯啓思は西田幾多郎の思想を紹介しながら、ゴッホの『ひまわり』について次のように述べている。「ゴッホは『ひまわり』の絵で、ただ『ひまわり』を描き出しただけではなく、それを描くゴッホ自身を描き出したのです。いわば、ゴッホは自己を否定することで自己を表出したのです。しかし、そこに強烈な個性が出てきた。個性とはそういうものなのです」と。

では、どうしたら、自己の内なる神（真我）を見つけることができるのだろうか。西田は自己の経験をもとにして、己の内にある深淵を覗き込むことで、その底に普遍的なものを見出そうとした。その経験とは、近親者との死別である。13歳の時に姉をチフスで失い、日露戦争では弟が戦死。さらに、8人の子供のうち、5人を病気で失い、妻も大正8年に脳溢血で倒れ、5年間寝たきりのまま49歳で亡くなっている。彼自身が言っているように、哲学は人生の悲哀、悲しみから始まると。人生の基底に「悲哀」を見出し、それを徹底的に見つめ、「西田哲学」を完成させたのである。ちなみに、ギリシャの哲学者、アリストテレスは、哲学は「驚き」から始まると言い、デカルトは「懐疑」から始まると言っている。前に紹介した西田幾多郎と同期の鈴木大拙も、6歳の時に父親を失うという悲哀を体験している。

要するに、人生において、魂を揺さぶられるショックや耐えがたき不幸を経験した時、人間は「人生の意味」を深く考える。そして、内省し、自己の内面のもっとも深いところまで降りていくことで、己を消し去ることができ、自分の内なる神と会うのだろう。人生の悲痛や苦悩、楽しみに一喜一憂している自己や自我を消し去ってしまうことにより、自分の根源的なもの「神」に会うことができる。自我をなくすことがキーポイントになる。

また、自我をなくして無我になるにはもう一つの方法がある。それは「利他心」である。損得勘定の「自分ファースト」から「他人ファースト」の忘我の利他心や利他的行為をすることにより、自我の殻を破り、自己を否定する。そして、自分の内にある煩悩に汚されていない本当の自分に会うことができる。そこには大宇宙につながる、または、自他の区別がない境地が出現する。西田幾多郎や鈴木大拙の創造的仕事もこの境地から生まれてきたのである。

（2020年3月）

限界意識

1985年の「科学万博・つくば'85」で1本の木に1万個の実をつけたトマトが大きな話題に上った。この巨木トマトの秘密は、太陽の光と栄養分を含んだ水だけで育てられたことである。常識的に考えれば、植物の成長には「土」は欠かせないと思われていた。この水耕栽培を考案した野沢重雄氏は、「植物は土に根を生やしているために、潜在的な成長力が抑えられている」という常識とは逆の発想をして、トマトを土から解放した。その結果、普通の1000倍もの実をつけることができた。彼は言う、「今ある植物というのは、一つの条件に対応した限られた可能性しか出していません」と。もっと大きな可能性が現われないのかと考えて、「土が成長を邪魔しているのではないか」という逆転の発想に至り、それが実証された。

トマトは人間が考えているよりも、もっとはるかに素晴らしい生命力（能力）を持っている。人間も同じだと思う。我々は自分の能力を引き出そうとするが、自分の「限界意識」に邪魔されて「これで精一杯」だと諦めている。しかし、この限界意識が生まれるほとんどの原因が「他者との比較」だと看破したのは最近亡くなった筑波大学名誉教授の村上和雄氏である。

「他者との比較」とは、他者の考えの枠内で考えること、他者の土俵で勝負すること、勝った負けたの意識に囚われること等々により、自分で限界を設定している。世間の常識（他人の考え）の範囲内で知らず知らずに思考している。以前、このブログでも紹介した、湯川秀樹氏の「表面的に不合理と思われる現象の奥に新しい視点で、合理性を見つけることが創造性である」との言葉が頭によぎる。この新しい視点が限界意識に囚われていない思考の原点（心の座）であろう。

苦しみは「執着」から生じると見破ったのは釈迦であるが、この執着も「他者との比較」から生まれる。比較から「嫉妬」が生まれ、我欲の虜になる。見えているのは「外面」や「モノ」の世界のみで、自分の心の内面に深く沈潜し、限界を突破できる思考には至らない。小我の世界を行き来しているのみである。相対論的な思考形態が自ら、意識の限界を形成している。だから独自の新しい領域や視点を設定できないのである。常に相手を意識している。別の言葉で言えば、思考が浅いのである。自分の内面に深く沈潜しないといけない。

「相対観で物事を判断する人は決して大成しない。自分という小さい枠に囚われて、大きな視野を失う。逆に、私利私欲を捨ててでも社会全体を良くしようという大我を持つ人材から大成する人物が現われる」と昔から言われている。これも、他人と比較することにより「視野の限界」を自分で設定しているからで、勝ち負けの視点でしか世の中を見ていない。所詮、勝ち負けの視点とは煩悩の世界で「自分ファースト」の世界であり、たとえ一時期勝ったとしても、不安定で真理の覚醒には至らない。二元相対とは勝ち負けなどの相対観の世界。損得、優劣の世界で多くの人はその中でのたうち回る。

二元相対観を克服できるのは「空」という発想であると仏教では言われている。釈迦のような「空」体験をした人はこの世界の諸々の現象（色）が同時に実体のない空であることを知っているから、そこには執着しない。一方、一元というのは自他の区別なく全てが一つということで、自分を完全に捨てきらなければ、本当の「空」にはならない。これが「色即是空　空即是色」の般若心経の世界である。簡単に言えば東洋哲学の世界であるが、これ以上進むと難しくなるのでここでは止めておく。

「他人と比較」する相対論の世界は、「限界意識」を設定する。この考え方は、創造性の世界だけでなく、政治・経済を始めとした社会のあらゆる領域に通用するように思われる。コロナパンデミックスが人類の生存を脅かしているが、今こそ、限界を突破する発想の転換が求められているように思われる。

（2021年7月）

ヴィクトール・E・フランクルの『夜と霧』を「再び」読む

精神科医ヴィクトール・E・フランクルの著書『夜と霧』を知らない人はいないと思う。ナチスの強制収容所に収容されたフランクルが、自ら味わった過酷な経験を赤裸々につづった本である。しかし、フランクルが伝えたかったことは、そうしたジャーナリスティックな悲惨な運命の描写ではない。むしろ、人間が死という極限状態に置かれたときに現われる精神の変化である。「自分の未来に希望を抱くことができるかどうか」が人々の生死を分けるという事実である。そこから、フランクルが導き出した結論に改めて感嘆するとともに、私が知謝塾ブログで今まで述べてきたものと通底している部分が多いことに気付いた。彼は大きく言って二つのことを繰り返し述べている。

一つ目は次のようなことである。我々は、災難や失敗が降りかかった時に、「いったい、何故、私がこんな目に遭わなければならないのか」と、「人生の意味」について考え、問いを求める。しかし、フランクルは、人生の意味は、私たちが問いを求めるのに先立って、常に、そして既に人生の方から送り届けられている。したがって、人間にできることは、その都度、その状況に潜んでいる真の「意味」を発見し、状況から発せられる「問い」に全力で答えていくことであると言う。つまり、「人生の意味」を我々側から問うのではなく（問うことができず）、人生（超越者）から問われているという「コペルニクス的転回」である。フランクルの心理学は、「自分の欲望や願望中心の生き方」から、「人生の呼びかけに応えていくやり方」「意味と使命中心の生き方」の転換の提示である。出された問いかけに一つ一つ答えていく、これが人生だと。これは私の経験からいっても首肯する命題である。

幸福は自分から求めることができない、求めれば求めるほど逃げていく（幸福のパラドックス）。「自分探し」「自己実現」を必死に追い求めても、求めれば求めるほど逃げていく。「自分の幸福」を追い求める「自己中心の生き方（自分ファースト）」ではなく、「意味と使命中心の生き方」への転換を求めている。この逆説性（パラドックス）は注目すべきだろう。何かのため、誰かのためと思って、自分をなくして（忘我）、初めて、真の自分を発見する。このことを日本トランスパーソナル学会会長、明治大学教授の諸富祥彦氏は「人間精神の自己超越性」と言い、「人間はもともと、自己自身を忘れ、自己自身を無視する程度に応じてのみ、自己自身を実現することができる」と解説している。

人生からの問いに真面目に向き合って、出来事の意味を発見できたとき、「神の恩寵」であったと、「人生に無駄はない」と、真摯に思えるようになる。また、酒井雄哉（天台宗大阿闍梨）の「仏様に論文を書かされている」という言葉も、「人生からの問い」と同じである。

つまり、「人はみな役目を与えられて生まれてくる」「それぞれの役目に応じて人生の論文を書かされる」。生きていると、自分の意思では避けられない困難に遭う。困難への対処は自分で選ぶ（論文の書き方が重要）。どんな困難に遭遇しても、どんなに辛くても、逃げない、避けない、否定しない、そして、その苦悩の「意味」を発見し、決断を下し、歩んでいくことが人生だとフランクルは言う。「自分を超えた大きなもの」に生かされている自分に気付く。人生とは「学び」や「気付き」を得ていく魂の成長の場、試練の場と捉えることが重要になる。

フランクルが述べている二つ目は、人生から与えられている「意味や使命」を見つけるための手がかりとしての価値領域の提示である。「創造価値」「体験価値」「態度価値」の三つ。

「創造価値」とは、創造活動や仕事を通じて実現される価値で、まずは目の前の仕事を夢中でやることが重要。その時は「忘我」「無我」の状態である。

「体験価値」は、自然との触れ合いや、人とのつながりの中で実現される価値のことである。フランクル自身、このような過酷な運命の状態でも、自分の中に持っている、愛する人間（妻）の精神的な像を想像して自らを充たすことができたと述べている。「自分が本当に大切だと思う人と深く触れ合うことができたという、その一瞬の思い出があれば人間は救われる。」（『カラマーゾフの兄弟』）

「態度価値」は、変えることができない運命に際して、どのような態度を取るかで、その人の精神性が現われてくる。強制収容所という同じ体験をしても、人が取る態度は悪魔にも天使にもなりうる。ここで現われる高い精神性（利他性）、肯定的な態度こそ、「創造価値」や「体験価値」が奪われても、人間が示す最後に残された価値であるとフランクルは言う。

　これらの価値を実現するには全て、「自分ファースト」の精神では達成できない点に気付いて欲しい。「無我」「大我」の状態で、ひたすら努力すれば、私を超えた向こうからこれらの価値がやってくることを忘れてはならない（幸福のパラドックス）。これらのパラドックスは、次のような言葉にも現われている。

「人間が歴史を解釈するのではない。歴史が人に自らの姿を開示する。」（小林秀雄）

「（仏像の）眉や鼻が木の中に埋まっている。それを鑿の力で彫り出すまでだ。」（『夢十夜』夏目漱石）

　このように、見えない世界を観る力、いわば「霊性」という力を一流を極めた人は持っている感じがする。「私」をなくしてこそ、全てが開けていく「真実」（パラドックス）にそろそろ気が付く時代が来ているように思われるが、いかがだろうか。

（２０１９年９月）

第五章　学知の限界

学知の限界

私が大学に入った頃は学生運動、特に全共闘の運動が盛んな時で、大学の授業もままならない状態が続いていた。昭和43年頃である。その時出会った本が『危機における人間と学問―マージナル・マンの理論とウェーバー像の変貌』（折原浩東京大学名誉教授著）である。この本の内容は、彼の文章を引用すると、次のようになる。「小生は、ウェーバー著作の読解をとおして学知として修得するとともに、自分の現場実践――1960年「安保闘争」や1962～63年「大管法闘争」を前史とする、1968年以降の「東大紛争―闘争」――に持ち込み、応用して、現場問題の実践的解決に活かそうとつとめました。」

つまり、マックス・ウェーバー研究に取り組み、そこから修得した思考法や思念内容をどう現場実践に活かしたかの報告である。当時、大学1年生の私は、その本の内容を1、2割程度しか理解できなかったが、説得力がある論理展開、特に、短縮された明快な言葉に魅了されたことを覚えている。また、こんな素晴らしい先生がいる大学に入れて良かったと正直思った。この時の「言葉の魅力」「言葉の力」が、その後の研究者人生において論文を書く時、会社の資料を書く時に助けになったことは言うまでもない。さらに、格好をつけて言うと、私の研究者としての論文や資料、強いては人間を観る美意識にも影響を与えたと言っても過言ではない。

その折原氏（84歳）が、2019年の1月に『東大闘争総括』という本を上梓した。50年ぶりの邂逅である。その本を早速買い、彼の書く文章にいまだに魅せられている。次のような文章はいかがだろうか。

「……1930年にオルテガ・イ・ガセがいち早く警鐘を鳴らし、1968～69年大学闘争で覆いがたく暴露されたように、既成の専門家はおおかた、自分の生きる現場の状況に、自分の理性をはたらかせては対応できない、その意味で非合理な専門バカであり、そのうえ、少なくとも一部はバカ専門でもあって、自分の専門領域でも、データを改竄したり原理知に反する所見を発表したりして、学問以外の神に仕える御用学者、あるいは不都合を予感すると似而非（エセ）プロフェッショナルであることは抗いがたく暴露されたとおりでしょう。」

彼がウェーバー研究から学んだことは、多くあるが、最も重要な問題は、「学知と現場実践の乖離」の命題である。いくら高邁のこと（学知）を言っても、行動（実践）が伴わない学者が多いことを嘆いている。この問題は、今でも考えなければならない「言行不一致」の課題である。東大闘争の時に問題になった「学知の巨人」は、丸山真男（政治学）、大塚久雄（社会学）等々、挙げれば切りがないが、折原氏は彼らの現場実践（実存的行動）のなさを糾弾したのである。福島の原発事故の時も、今まで、クリーンエネルギーとしての原発の必要性を喧伝していた原子力の専門家集団は事故が起こった以降、責任を逃れるため、蜘蛛の子を散らすように雲散霧消していったことは記憶に新しい。

また、少し古くなるが、太平洋戦争が始まる頃、当代きっての京都大学のある哲学者は、やがて学徒出陣により死地に赴く当時のエリートに、「死を自ら引き受けることによって死を超越せよ」と説いた。彼自身は安全地帯に身を置いて（戦争や死に対峙せずに）、このような哲学的美辞を弄したのである。誰に忖度しているのか！　まさに、「学問以外の神に仕える御用学者」に堕したのであった。これらの事例は枚挙に暇がない。

学問的知識の権威を借り、自分の行動を正当化するだけでなく、むしろ「学知の鎧」を被り、それに沿った行動・実践はしない。何故か。行動すれば自分の身が危険にさらされる確率が増えるからである。行動するのは自分ではないと考え、自分は安全地帯に逃げ込むやり方である。そこには、底なしの偽善と盲目的な残忍性、不潔性を感じる。このような人を、折原氏は、別の角度から、「この人たちは変わり身の速さが身上で、新制度には素早く適応しましたが、魂は旧制度の鋳型に嵌ったままの職歴─立身出世主義者」と断罪する。「学知主義的自己疎外」（学知の偏愛とその枠内への自己完結的・自己満足的の閉じ込もり、眠り込み）に甘んじてはいけないと彼は述べている。

多くの学者（学者だけでなく、一般人も含めて）は学知を持っていても、自分の欲（自分ファースト）には勝てない。学知ではなく、損得勘定で本能的に行動する。この「言行不一致」の問題は深い意味を持つ。この問題には、「他人の権威を借りて小人、凡人を威嚇し、自分の身の丈に合った実践の回避を正当化する、フェアでない学知主義的権威主義」の匂いがプンプンする。どんなに言葉を弄しても、自分ファーストの自己正当化の詐欺師である。我々は生身の人間であるので、すぐには解決できないが、他人ファーストの精神で、一歩一歩、自己変革を進めていかなければならないことを示している。

また、この学知においても、欧米の巨人の文献を紹介するだけでなく、実践を通じて、自分の言葉として述べなければならないことはもちろんのことである。実存主義の研究者も「実存文献読みの実存知らず」であってはいけない。今月の『日本経済新聞』の「私の履歴書」に書かれた野中郁次郎一橋大学名誉教授の次のような文章が気になった。「近年ではＲＯＥ（自己資本利益率）経営が典型例で、最近は内容をよく理解しないままにSDGs（持続可能な開発目標）とみんなが口にする。もう海外の模倣はやめよう」と。欧米で流行っている言葉を金科玉条のようにありがたがり、その権威を借りて、権威主義に堕する学者が今でも多い。１００年以上前にウェーバーが提起した問題、50年前にウェーバー研究の泰斗、折原氏が糾弾した命題「学知と現場実践の乖離」の問題が今でも続いていることは驚くべきことである。

（２０１９年９月）

はじめに感性あり

「雪がとけたら何になる?」と聞いた時に、ほとんどの子供が「水になる」と答えた中、たった一人だけ「春になる」と答えた子供がいた（『朝日新聞』深代惇郎氏の「天声人語」）。

ここに、論理的思考と感性（=直観力）の違いが端的に示されている。この違いは、次元や位相が違う差異であろう。我々はとかく、精緻な論理を展開して悦に入るが、最初は感性から始まると言っていい。感性がなければ、創造的なことが始まらない。ここから、想像力が広がり、蛇足だが、次のような童謡都都逸も生まれてくる。

春が間近で嬉しいけれど露地じゃ痩せてく雪だるま
蝶の言葉に頷くごとく下で揺れてる野辺の草

湯川秀樹は直観力の特徴として、次のように語っている。

「論理とか数学とか、純粋の音楽とか、そういう時間性をもったものでも実際それを天才が把握する時には、やはり直観的に、同時的なものとして把握しているということは、非常に面白い点だと思います。そこに新しい発見とか、あるいは創造的なものの本質が窺われるような気がします」と。しかも、直観力によって、一瞬にして全体像が把握できるようだ。彼も直観力（感性）によって一瞬にして、「中間子」の構想が出来上ったのだろう。

ここまで、直観力を研ぎ澄ました彼は宇宙の「真理」について次のように述べている。「現実は予想を超えて豹変する。あらゆる平衡は早晩打破される。現実は複雑である。それにもかかわらず、現実はその根底に於いて常に簡単な法則に従って動いているのである。達人のみがそれを洞察する。……詩人のみがこれを発見する。しかし、達人は少ない、詩人も少ない。我々凡人はどうしても現実に囚われ過ぎる傾向がある。……そして、現実の背後に、より広大な真実の世界が横たわっていることに気付かないのである」と。

達人や詩人の感性、直観のみが真実を見抜いたり、感じることができる。そこには論理の世界、合理的な世界、それを司っている自我の世界ではない、無我、忘我、大我の世界に入らなければ、真理の世界を観ることができないのだろう。論理だけの世界では現実に囚われすぎる。創造力を得るにはジャンプ（飛躍）が必要で、そのジャンプをもたらすのが感性である。

無我や大我の世界とは、人間の大脳皮質が考える自己中心的かつ論理至上主義的な小我の世界ではない。感性や直観が支配する人間の内面の世界である。この領域との会話が「真実」を垣間見せてくれる。

達磨大師から七代目の南岳禅師の言葉に「感応道交」がある。感じ合って応じ合っている者にしか道の交わりはない。感性が鈍い人間には道の交わり、出会いも作れないぞという意味だ。また、評論家の小林秀雄は次のような面白いことを言っている。「実行家として成功する人は、自己を押し通す人、強く自己を主張する人と見られがちだが、実は、反対に、彼には一種の無私がある」と（『無私の精神』）。

無私、無我の精神状態こそが真実に近付く、あるいは真実が微笑みかけてくれる領域であり、逆に成功への近道かもしれない。成功を追い求めても逃げていく。そんな功利的な生き方でない利他な精神こそが成功に近付くという、「成功のパラドックス」が存在するのである。一流と言われている人は必ず、素晴らしい感性と無私の利他心を持っている。ＡＩ（人工知能）的合理性や頭の鋭敏さだけで渡れる世間ではない。

利己的な考えに支配されていない、自分の真の内面と会話できる感性や直観力を磨くには「利他心」を涵養することが重要である。ここまでくると、前記の「雪がとけたら春になる」という感性の素晴らしさに改めて気付かされるだろう。

（２０２０年８月）

ミネルヴァのフクロウは夕暮れに飛翔する

哲学者ヘーゲルの有名な言葉に、「ミネルヴァのフクロウは夕暮れに飛翔する」というのがある（『法の哲学』）。何となく、格好いい言葉である。そして、高い教養を感じる。

ミネルヴァとはギリシャの女神で、「知恵と勝利」を司っている。その横に傅《かしず》く梟《フクロウ》は学問なら何でも知っているという「フクロウ博士」である。アイヌ文化でもフクロウは知恵の神として尊敬されている。

そのフクロウは「夕暮れに飛翔する」と言う。その意味は「一日が終わりになりそうな時に飛び立つ」という意味である。解釈は二つある。一つの時代が終わり次の時代が開けようとする時、その前に知恵が飛び立つという積極的な意味と、一つの時代が終わる時に知恵が発動してその解釈をするという意味である。中部大学の武田邦彦教授は、消極的な意味に解釈している。

「学問というのはこれまでの知恵の集積でできているので、新しいことをするのは得意ではない。むしろ、これまで起こったことを解釈することに対して力がある。そのことをフクロウになぞらえて言っている」というのが彼の解釈である。学問（学者）というのは、結果（エビデンス）が出ない先から、解釈や予測（予想）を加えて世の中を惑わしてはならない。それが「学問の矜持」であると。

一方、経済学者の浜矩子同志社大学教授は、「古い知恵の黄昏の中から、新しい知恵の到来を告げつつ、知恵の女神の使者が飛び立っていく。そのようにして、人類は歴史の中を前へ前へと進んでいく。そうヘーゲルは言いたかった」と述べている。しかし、この解釈は間違いで、ヘーゲルの『法の哲学』を詳細に読むと、「哲学（学問）が現実の成熟のあとに遅れてやってくるものであること、現実が完成された後に、初めて観念の王国、知の王国、哲学の王国が建設されるということを言おうとしている」ことが分かる。

ヘーゲルは、学問のある種の限界や特性を垣間見ていたのである。「学者は、未来を予測することはできず、起きた出来事・結果への考察の積み重ねしかできない。過去を観て、こういう時代だったんだよねと反芻することしかできない」と手厳しい。学問という分野における、良い意味でも悪い意味でも限界があるということだろう。

「多数の犠牲者が出た2009年のイタリア中部地震の時、大地震の兆候がないと判断し、被害拡大につながったとして、過失致死傷罪に問われた同国防災庁付属委員会メンバーの学者ら7人の判決公判が最大被災地ラクイラの地裁で開かれ、同地裁は全員に求刑の禁錮4年を上回る禁錮6年の実刑判決を言い渡した」という記事はある意味ショッキングなものであった。日本でも話題になり、これでは「学問の自由」がなくなると東京大学教授らが述べていたのは今でも覚えている。前記の武田教授は、これは学者の領域を逸脱して、地震予知を外部に発表し、世を惑わせたのだから、「学問の自由」の侵害には当たらないと言っている。学者における「学問の自由」

は内的精神的自由であって、外的自由ではないと。

このことは今話題になっている「8割おじさん」や専門者会議の学者にも当てはまるであろう。結果的には世の中を恐怖に陥れただけで、当たっていないことも事実である。あくまでもデータ（証拠＝結果）があって、初めて学問が成り立つというヘーゲルの考えが頭をよぎる。何も予測が全て悪いのではない。それは、外部に発表するのではなく、内的精神的自由の下であるべきだ。正直、私のような研究者（学者の端くれ）には厳しすぎる感じもするが。

時代は、常に理論（学問）に先立って現われる。観察者である学者は過ぎ去った後に論じることしかできない。時代は、実行者（経営者、政治家、思想家等々）によってつくられる。

20世紀は、アメリカ人の果敢なフロンティア精神が遺憾なく発揮された時代だった。航空機時代、相対性原理と量子力学、原子力、DNA、そしてコンピュータに至るまで20世紀の大きな発見・発明はDNAを除いて全て米国からと言ってもいい。もちろん相対性原理のアインシュタインはオーストリア出身、原子力のフェルミはイタリア出身だが、米国という土壌の上に花開いた。そこには「フクロウ」ではなく、「チャレンジ精神」があったからである（武田教授）。

コロナ時代という新しい時代を迎えて、巷間には似非学者やにわか評論家が闊歩しているが、事実（結果）に基づいて議論する学者は少ない。また、世界ではコロナ禍で利益を出している企業もあると聞く。本当の学者やチャレンジ精神を持った実行者がいない日本という国の将来を案じるのは私だけであろうか。

（2020年6月）

「教養」について

私みたいな者が「教養」について語るのは気が引けるし、おこがましいと思っている。このような行為そのものが教養がない証拠だと言われそうだ。しかし、教養やリベラルアーツの泰斗、東京大学名誉教授の村上陽一郎の言葉（『エリートと教養』（中公新書ラクレ））が妙に心に残っている。次の言葉である。

「恥ずかしい」という感覚は、自分自身が感じる感覚であると同時に、実は相手に恥ずかしさを感じさせてしまっているという感覚、つまり相手からの反映の感覚がないまぜになったものです。「恥を知らない」ということは、コミュニケーションとは相手との共同作業であるという原則を無視していることにほかならないのです。……教養に裏付けされた人格とは、「含羞」を基礎の一つとしているということが言いたかったのです。

「含羞」とは、今の世の中とは真逆の状態である。恥もなく一方的にフェイクニュースを垂れ流し、これ見よがしに自己主張する。相手を騙しても何とも思わない。これが最近の国際政治であり、情報戦争である。含羞の欠片もない！

政治だけではない。「今、テレビに出てくる芸人さんたちの、何と醜いことか。恥をしらない、目立ちたいだけの奇矯な名前をつけ、珍妙な恰好をし、ひたすら相手に笑いを強要することで、「受けている」と勘違いしている人々ばかりではないでしょうか」と村上氏は厳しい。時代は変わったとは言え、首肯できない噴飯ものである。

教養とはもちろん、知識の量だけでないことはよく言われる。知識はGoogleを検索すればいくらでも手に入る時代。教養とは、そこで得た「集合知」を自己や社会の叡智として、いわば「総合知」として構築する能力（人格）であろう。その総合知が自己の内部に沈殿し、「規矩」という考えや行動の基準となる定規を自己の中に形成（Buildung）するのである。ともすれば暴走する「欲望」の制御機構を自分の中に打ち立てる。そうして、教養は自ずと、慎み、謙虚、諦観、カウンターバランス、他人に対する優しさ、自分に対する厳しさ等の感情を呼び起こし、「含羞」を持った言動や行動に結び付いてくる。含羞とはテクニックではない。自分が持つ能力の不完全性や相手の能力に対する敬意を意識して、内面から出てくる感情の発露である。また、教養のことを英語では「cultivation（耕す）」や「culture」と表記する。まさに、自己の内面を耕し、人格の涵養を促すのである。

では教養を身に付けるにはどうすればよいのであろうか。これぞ正解というものはないと思うが、文理融合（最近では芸術も加わって文芸理と呼ばれている）の重要性や多様性の考え方が必要になっているようだ。そして、自分の専門性にかかわらず、種々の経験や多方面の読書を通じて、自分以外の人がどれほど深くものを感じ、どれだけ多く傷付いているかを気付かせてくれる。

「本の中で、過去現在の作家の源となった喜びに触れることは、読む者に生きる喜びを与え、失意の時には生きようとする希望を取り戻させ、再び飛翔する翼を整えさせます」（『橋を架ける』美智子上皇后）。こうして、読書は人格の「根っこ」の部分をつくるのである。

時代は、新型コロナウイルスやウクライナ・ロシア問題と複雑さを極めている。にわか専門家や評論家の百花繚乱である。信用できない論説も多々ある。哲学者井筒俊彦（1914〜1993年）は細分化する学問の在り方に警鐘を鳴らしている。

「人間の切実に当面する問題の多くは、もはや細分化を重ねた専門家の手に負えるしろものではない。自分のやっていることは微に入り細にわたって知っているが、それだけしか知らないというような型の専門家は、今では急速に世界の学界の田舎者になりつつある。専門家が専門家であることを乗り越えて、一回りも大きく成長しなければならない時代がすでにきている」と。今から30年以上前の嚆矢には脱帽である。

一回り大きくなるにはもちろん「教養」が必要になるだろう。細分化された領域の一専門家を自慢するのではなく、「含羞」を湛えた専門家になってもらいたいものである。

（2022年4月）

物語先行社会

私が研究者の時、実験データを取るだけではなく、そのデータから「コト」創りをしなければならないと教えられたことを思い出す。つまり、単なるデータの羅列ではなく、そのデータが今までの他者の論文に対してどう「意味」があるのか、新しさ（オリジナリティ）はどこにあり、どういう世界感が新たに生まれるのか。さらに言えば、社会に対してどういうインパクトがあるのかを述べなければならないと。まさに、「コト（物語）」を語れなければ意味がないと教育された。

しかし、物語先行が行きすぎると問題が起こる。まだ記憶に新しいが、ＳＴＡＰ細胞の事件も物語先行が行きすぎたために、その物語に沿うようにデータを操作し、不正を行ったようだ。「この細胞が実現できれば若返りもできる」といった一般受けするキャッチフレーズで。

また、２００９年、当時、厚生労働省の村木厚子元局長が郵便割引制度適用をめぐる偽の証明書発行事件に関して、ある検事は特捜部が描いた筋書きとＦＤ（フロッピーディスク）内の記録が整合しないと認識しながら、データを改竄して、元局長を逮捕した事件。これも、筋書き（物語）に囚われて起こった事件である。まさに冤罪である。自分の描いた物語（こうなったらいいな！）に囚われて、データを改竄する姿を見ると人間の持つ欲望（小我）である射幸心と出世への執着心が垣間見えてくる。

最近の世事についても、この「物語先行」によって起こされている事柄が多い。今、国会を賑わせている「学術会議メンバー任命拒否」の問題にしても、左派系メディア、右派系メディア両者とも、極端に、物語先行でことを運んでいる。本当の事実を知らせない、フェイクニュース等々を流すことによって、相手を非難する。非難することのためなら、何でもやるという態度である。目的は何であろうか。第一は商業主義であろう。儲かれば何でもありの世界。そのためには「学問の自由」といった美辞麗句、いかようにも解釈される法律論を駆使して、もっともらしい理屈をこねる。大衆は何を信じていいのか迷う。その底には、権威主義や反知性主義の傲慢さがあり、また、権威への貪欲さがある。そして、批判することが自分の不満の発露になってくる。自分の欲望を隠してまで行う底なしの偽善と盲目的な残忍性、不潔性を感じずにはいられない。

まず批判、反対するためのストーリー（物語）を考え、それに沿った事柄を列挙し、あるいはフェイクニュースを作り、もっともらしく伝える。特に、左派系の新聞では、かつてあった中立性の尊重ではなく、ともすれば、政府を非難しながら反日を煽る記事になっていることが多々ある。隣の国に住んでいるのかと間違えるほどだ。

さらに、米国の大統領選挙に関しても、バイデン賛成派、トランプ賛成派に最初から分かれている。例えば、バイデンが勝って欲しいグループはトランプの悪口、あることないことのフェイクニュースを似非評論家が出てきてもっともらしく論じる。もうその時になると、事実や真実はどこにあるのか分からなくなる。あるのは希望的観測だけである。逆に、トランプが勝って欲しいグループも同じような対応である。単純には言えないが、彼らの態度の底にはエスタブリッシュされた人間（バイデン派）と社会の底辺にいる人間（トランプ派）の感情の対立みたいなものがある気がする（白人対黒人の人種問題もあるが）。

前記のように、事実を詳細に見つめることなく、物語ありきの社会現象は分断や格差を助長することにもなる。また、冤罪や不正を生む温床にもなる。それらが、学者や知識人を巻き込んでいくと、かつて通った道（戦争への道）ではないが、全体主義へつながっていく気がするのは私だけであろうか。

（２０２０年10月）

複雑化する社会

一時期、米国で「ＭＢＡ（経営学修士）不要論」「ＭＢＡ有害論」が提唱されたことがある。その先鋒となったのはマサチューセッツ工科大学の著名教授ヘンリー・ミンツバーグであるが、彼は次のように述べている。「実際のビジネスは複雑なものであるのに、ＭＢＡ教育はビジネスを単純化しすぎて教えている。それでは現場で通用しない」と。

また、最近、お笑いタレントで芥川賞作家の又吉直樹氏は、「最近は分かりやすさが尊ばれているが、難解なものを難解なまま伝えられる言葉の力が必要」と述べている。この発言は東京大学と吉本興業の共同プロジェクトを立ち上げた時の言葉である。

その時、同時に佐藤東京大学副学長は「大学はここ何年かの間に役に立つ研究を求められるようになったが、お笑いやエンタメにも無形の価値がある。一見役に立たないことをする多様性が必要だ」と意義を話していた。

今まで、複雑なものを分かりやすく説明することが良いとされ、「見える化」「数値化」……が求められてきた。ＭＢＡの授業でも「見える化技術」を繰り返し学んだことを思い出す。しかし今は、分かりやすさは重要ではなくなってきている。むしろ、「分かりやすさ」や「見える化」技術の網からこぼれ落ちたものに価値が移ってきている。見えないものや、一見分かりにくいものに本質が隠れていると言ってよい。

バイオリン製作所陳昌鉉氏の次の言葉は示唆に富んでいる。「名器は、なんであれほどまでに心に響くのか。鳥肌が立つのか。悩んだ末に分かったのは倍音という考え方でした。人間の耳でとらえられる低音は1秒間に20ヘルツです。20回振動する。それ以上低い音は聞こえない。高音となると3000ヘルツが限界です。ところが名器のバイオリンやヒグラシ、野鳥の声、せせらぎというのは1万ヘルツ、2万ヘルツという音が出せるんですね。それが音の味になって深みが出て胸に響く。だから、耳に聞こえる音だけを相手にしていては、名器に近付けないんです。私は実験を重ねながらだんだん、このような自然の法則が読み取れるようになった。聞こえないものを聴く。これが重要だ」と。人間の耳では聞こえないものに名器の「音の味」が宿っている。それが科学的に証明された。

近代の科学革命は見えないもの、聞こえないものを要素還元主義で分析、解析することにより、見えるもの、聞こえるものにしてきた歴史がある。まだ、見えないものであるが理論的にあると分かっているダーク・エネルギーやダーク・マターがある。いずれ、解明されてくるだろう。しかし、要素をいくら集めても全体を作り上げることができないことは分かっている。要素還元の網からこぼれ落ちた何かがある。特に生命体は合成できていない。これが西洋近代科学の限界である。

一方、東洋哲学の仏教的宗教は、見えるものを否定する方向で、精神的なものばかり、悟りの世界ばかりに目が向いている。ある程度、モノの力強さを認めなければならないだろう。精神的なもの、心の世界だけでは世界は成り立たない。

西洋の宗教は自然との基本的対立を越えて、自然との共存、自然のうちに魂を見出す宗教に変わる必要がある。自然の中にも魂があって、人間の魂と自然の魂が相互作用すれば、環境問題も解決することになると思う（本山博）。

話は違うが、「やさしい差別」という言葉をご存知だろうか。フリーアナウンサー、大橋未歩氏の言葉である。彼女は差別について次のように述べている。

「私はこの言葉を、取材で出合った障害を持つアスリートから聞いた。障害者に向けられる悪意無き差別のことだ。例えば障害者が何かに挑戦すると、結果にかかわらず「よく頑張ったね」と周囲から讃えられる。障害者を聖人君主のキャラクターに押し込める風潮もある。障害を抱えていたって、人間だから時には汚いこともずるいことも考えるのに。そのアスリートはこれらを「やさしい差別」と表現した。人は差別しようと思わなくても、いとも簡単に差別の当事者になりうる」（『文藝春秋』２０２１年４月号）と。差別を批判する人が差別する人になっている現実、よく考えなければならない。明確さの後にある本質を観なければならない。

さらに、もう一つ紹介しよう。「弱いロボット」という考え方である（岡田美智雄豊橋技術科学大学情報・知能工学系教授）。

「一般的なロボットは「こんなことができます」「あんなことができます」とできることを強調

し、苦手なことや不完全な機能は隠しがちです。しかし、〈弱いロボット〉は、苦手なことや不完全なところを隠さない。むしろその弱さを適度に開示することで、周りにいる人の「強みや優しさ」をうまく引き出すロボットです。相手との距離を縮めるために必要なのは自分たちがおかれている状況の「共有」です。〈ゴミ箱ロボット〉なら、ゴミが落ちているという状況をロボットと人が、共有し合っています。ゴミに対して、お互いが視線を向け、この後どうするか調整し合う。これは生き物同士でも自然にやっていることです。弱さをさらけ出すことで、距離は縮まり、信頼関係を育む。他力本願な〈弱いロボット〉から学ぶ、人と人とのほどよい距離感が重要になる。」

完璧さや明確さ、合理性や効率性、社会的地位やお金等を追求することが正しいと教えられてきた我々は今、岐路に立っていると言っても過言ではない。そのことが不寛容な社会、フェイクニュースの蔓延や反知性主義の原因の一つになっていることも確かであろう。複雑化する社会において、西洋的合理主義や学知の限界を感じる。見えるもの、聞こえるものだけを追求してきたツケが回ってきた感じだ。見えないものや聞こえないものの中に、本当の真実が隠されていることを我々はもっと気付くべきではないだろうか。

ところで、勉強不足かもしれないが、コロナウイルスの拡散の原因は未だに明確ではない。隠れている本質は何であろうか。にわか評論家の一見明確な論説に惑わされてはいけないと思う。

（２０２１年３月）

第六章　創造的生き方

リープフロッグ

リープフロッグとは文字通り「蛙飛び」で、「後から遅れてきたものが、前にいるものを飛び越えて、それより先に行ってしまう」（野口悠紀雄）という発展論として知られているさらに言えば、「遅れていたことが有利に作用する」ことも含まれている。

例えば、中国では商取引や金融取引等の市場経済活動のための基本的なインフラストラクチャー（インフラ）が整備されておらず、また、信用に基づいて取引することができない状態が逆に、ビッグデータを用いてＡＩ（人工知能）がプロファイリングや信用スコアリングを行うことを可能にし、そのような問題を克服する強力な手段になった。つまり、中国の後進性がビッグデータの収集を可能にしたと言ってもよい。

技術的後進性や国のインフラの遅れが逆に、現在の先進国の持つ進んだ技術やインフラを楽々と飛び越えて（リープフロッグ）、その先の最先端な技術や新しいインフラを実現できるということである。何故か。先進国では、彼らが持つ技術的優位性や進んだ社会インフラが「桎梏＝足枷」となり、新しい時代に対応するのに時間がかかる。時代の進み方が現在のように早い時には リープフロッグが起きやすくなる。

ＥＶ（電気自動車）の普及に関しても、ガソリンスタンドなど、それに対応した社会的インフラが存在するため、社会的に見てもＥＶに転換しにくい面がある。中国ではガソリン車があまり普及していなかったために、比較的容易にＥＶが増加するだろう。これは固定電話を飛び越えてスマートフォンに進むというリープフロッグ現象が生じていることに似ている。

また、自動運転でも技術的には米国が圧倒的に強いが、法的整備等の問題や従来からあるタクシー、バス、トラック等の運転手が職を失うといった現在のエコシステムを変えることが足枷（社会的制約）になる。ここでも中国がリープフロッグする可能性が高い。何故なら、訴訟がすぐ起きる欧米の民主主義社会では実現は難しいが、一党独裁体制の中国では比較的簡単にできるからだ。「国家の強権によって革新的な技術が導入できる」ということだ。逆転が起きるのは、技術の導入には社会的制度が対応する必要があり、古い技術体系に適応してしまった社会は、新しい技術に対応できない場合が多いからである。

ヨーロッパ最貧国であったアイルランドも工業化社会を経験しなかったために、ＩＴ産業により、リープフロッグが生じた。今や、ヨーロッパで最も豊かな国の一つになっている。しかも、自然や伝統的景観が残されたまま。要するに「遅れていたことの利点が新しい技術と出会い、リープフロッグが生じる」ということである。ここまで来ると、リープフロッグは「新しい技術」「国家権力や社会状況」「新しいビジネスモデル」と「ある種の遅れ」が出会った時に起こるということであろう。

リープフロッグと同じような現象が研究を始めとする創造性の分野でも起こる。私が大学生の頃、先生から、「多くの論文を読みすぎるな！　基本的な数本の論文を徹底的に精読しなさい」と言われたことがある。当初は何のことか分からなかったが、要するに多くの論文を読みすぎると、その考えに自分が捉えられ（束縛され）、また、その延長線上にしか自分の考えが構築できなくなるということだ。創造性は現状の延長線上には存在しない！

また、「破壊的技術」という技術発展論がある。例えば、大型コンピュータの第5世代から突然、ＰＣ（パーソナルコンピュータ）の出現、また、ネットワーク分野でもＩＳＤＮ（Integrated Services Digital Network）が進むと思われたが、突如としてインターネットが出現し、世の中を大変革している。ＡＩの登場も同じような破壊的技術であろう。このことは、従来技術の延長線上には破壊的イノベーションはないことを示している。技術の発展に生物の進化論の類似性（突然変異等）を指摘する人もいる。

創造性に関しては私も多くのブログで述べてきた。その中で、湯川秀樹博士の「創造性とは、ある観点から見て不合理と思われる事柄の奥底にある合理性を見つけ出すことである」という箴言は、合理性ばかり追い求める（従来研究・技術の延長線上に安住している）我々研究者への警告でもある。

これらの新しい技術はリープフロッグには必要条件であっても、十分ではない。そこにはそれを実現する社会情勢やビジネスモデルが重要であることは前述したとおりである。

世界競争力ランキングで１９８９年から１９９２年まで、日本は1位を維持していたが、その後、１９９７年には17位となり、その後低迷を続け、２０２０年には34位まで落ち込んでいる。また、日本のデジタル化の遅れは目を覆うばかりである。新型コロナウイルス感染症はこの問題を明らかにしている。

メインフレームコンピュータ時代では世界のトップにいた日本は今、「ＤＸ（デジタルトランスフォーメーション）」は周回遅れと言ってもよいだろう。つまり、古い技術体系に即した社会システムが強固に出来上がっているため、そこからの脱出が困難になっている。この「レガシー問題」は、技術分野だけでなく、政治、教育、経済システム等でも言われている。しかし、ここからリープフロッグできなければ日本は「沈む国」になるであろう。では、高度成長期に頻繁に起こったリープフロッグは起きないのであろうか？

「日本型組織は深刻なレガシーである。……人々が獲得した豊かさに満足してしまって、逆転をしようとする意欲を喪失してしまったのではないでしょうか？　つまり、可能性がなくなったのではなく、小市民的な生活に安住してしまっている人が増えたことが問題なのではないでしょうか」（野口悠紀雄）という言葉は重く受け止める必要があるだろう。

（２０２１年1月）

「創」とは「傷」である

女優樹木希林（1943〜2018年）の伝記みたいなものを読んでいたら、次のような言葉に出会った。

「創造の『創』という字は、傷という意味。絆創膏の『創』。要するにものを創り出す、新たに生み出すということは、傷をつけて壊してそこから創り出すということ」と。私にとっては初めて聞く言葉で、ある意味、目から鱗であった。

彼女の結婚相手は、当時から過激な発言で知られていたロック歌手の内田裕也で、その「破壊力」に惹かれていく。結婚生活は、その破壊力が増し、数か月で破たんする。彼女は別居はするが、離婚はしなかった。内田の持つ「破壊力」は樹木にとって「自分を変える原動力」であったと述べている。

創造力については、この知謝塾ブログでも数多く述べてきた。江崎玲於奈博士は、ノーベル賞を取るための5か条で、「今までの行きがかりにとらわれない」「教えはいくら受けてもいいが、大先生にのめり込まない」を真っ先に挙げている。また、湯川秀樹博士は、「一見きわめて不合理と思われる事柄の奥に、人間存在の仕方のある必然性を洞察するところに、知性を含めた人間精神の創造的活動があるであろう」と。創造性を発揮するには、どちらも今までの「常識」に囚われずに（破壊して）ある真理を探り当てることの重要性を述べている。このような破壊力は若者の特権であろう。ノーベル賞受賞者のほとんどは20～30代の知的活動によって生み出されたものであることからも分かる。

しかし、彼女には、２００４年、61歳を過ぎた頃から大きな転機が訪れる。がんの宣告である。それにより、考え方が１８０度変わった。「やり残したこと」を考えると、結論は「人に添う」ことだった。今まで彼女は、親にも、まわりの人にも、夫にも、子供にも添ってこなかった。「自分は自分」という考えであった。彼女は、「今までの生き方は傍若無人であった。しかし、夫のこと、病気のこと、等々を考えると全てに添うてみよう、委ねてみよう」と考えを変えた。自分のあるがままに委ねてみよう。運命に添ってみようと。そうすると全てが上手くいった。自分が常に中心にいて「自我」を主張するのではなく、何か大きなものに自分を委ねるやり方である。

彼女は父から教えてもらった明治天皇の歌を大切にしている。「器には従いながら岩金も通すは水の力なりけり」

これが晩年、彼女が到達した「融通無碍」の境地である。いろいろな形に、添って添って、どんな形にもなって、そして一本スーッと岩金も通す力、ぽたっぽたっと、継続的に落ちる水の力の重要性である。自己を主張する反発力・破壊力は創造力の源泉であるが、それよりも強いのは、他力に添い、委ねながら、継続的に努力する内面的精神力ではなかろうか。

禅の泰斗、鈴木大拙の「継続力」に関する次のような言葉がある。「一歩一歩歩けば何でもないぞ。一歩一歩努力すれば、いつの間にか高いところでも上がっている」と。

同じようなことは、『怒りの葡萄』で有名なノーベル賞受賞作家、スタインベックも言っている。「天才とは、山の頂上まで蝶を追う幼い少年である」と。

凡人は、長時間集中して考えることができない。アインシュタインも自分が普通の人より優れている点があるとすれば、長時間考えに集中できる特長を挙げている。物理学者の米沢登美子も「考え出すともう、夜寝ることを忘れて」と語っている。

反発的・破壊的創造力だけでなく、継続の量が質に変わる創造性もある。樹木希林はその両方を経験した。人生のロールモデルとして学ぶことが大いにあると思う。

（2023年2月）

多様性についての一考

最近、多様性の議論が盛んに行われている。当初、ダイバーシティと言って、特に女性の登用やLGBT等の性的少数者（セクシャルマイノリティ）の差別の問題が議論されていた。今では、SDGs（持続可能な開発目標）等の影響で、包摂性（inclusive、どんな人も取り残さない）やマイノリティの重要性が議論されている。特に、少数意見やマイノリティを大切にするという考え方から一歩踏み込んで、むしろ、「違い」が新たな価値創造と成長の源泉になるという考え方に変わりつつある。これが、「多様性」についての最も大切な考え方であろう。まさに、「多様性が社会の活力」につながる。

しかし、多様性といっても実行することは意外に難しい。何故だろうか。会議を例にとって考えてみよう。上司の考えに対する「同調圧力」、違う意見を述べることに対して先輩の眼を意識する態度や「無意識のバイアス」や「忖度」により、敢えて違う意見を述べることをしない。こうして、違う意見を述べて、議論を活性化する、問題を深掘りすることをためらうのである。皆さんも経験があると思う。

また、同じようなもので、エコチェンバー効果というものがある。同じ意見の者同士でコミュニケーションを繰り返し、特定の信念が強化される現象で、段々、多様性が排除され、現実が歪んで見えてくる。一種の宗教集団と同じような雰囲気になってくる。

研究活動についても多様性は重要である。指導者の言うことをきいて、研究をやっているうちは本当の創造的研究にはならない。指導教官の考える延長線上には創造的な領域は残っていないからだ。せいぜい、今までのデータの補完や精緻に寄与することがあっても一流の研究にはつながらないだろう。先達と異なる視点から見直さなければ、創造的なイノベーションにはならない。「一見不合理に見える現象の深淵に合理性を見出す」（湯川秀樹）やり方が重要なのである。これが、多様性的考え方である。だから、大学の時に教わった先生の一言「論文を読みすぎるな！」という言葉も理解できる。論文ばかり読んでいるとその線に沿った考え方に凝り固まり、多角的視点がなくなるからである。

「平均値」信仰にも同じことが言える。国内総生産（ＧＤＰ）を見ていても国内の本当の問題点は見えてこない。今は、国民の経済格差が問題なのである。多数決といった議事進行のテクニックも本当の問題点は見えてこない。むしろ、反対意見の詳細を調べる必要がある。そこには、多数決で隠された真実がある。ここに平均値的思考の落とし穴がある。

最近、Lay Experts（素人の専門家）の重要性が至るところで叫ばれている。２００９年に始まった裁判員制度も法律に関する素人の考え方が重要であることを示している。法律の専門家だけでは複雑化する社会の問題には対処できない。人を裁く場合、法律的視点だけでなく、社会の視点、庶民の視点が重要なのである。専門家だけには任せない、「常識の復権」が叫ばれている。

また、同様な考え方で、Institutional Review Board（ＩＲＢ、倫理委員会）の設立がある。ＩＲＢとは臨床試験や治験が行われる施設に設置が義務付けられている審査機関であるが、ＩＲＢのメンバーにはその領域の専門家が50％を超えてはならず、他の領域の科学者や地域住民代表、法学者、哲学者、聖職者等、専門外の人が一定数含まれなければならないと規定されている。特に、医療や生命に関するものは、専門家だけには任せられないという多様性重視の考え方である。これは、科学技術では常識になっている「同僚評価（peer review）」の原則を壊す画期的なものである。

「科学の不確実性」「技術の不完全性」や「社会の複雑化」が顕在化する中で、専門家の意見だけではなく、「在野の知」を始めとするいろいろな視点での議論が必要になっている。今までの常識的意見ではなく、非常識と考えられる意見が、変化が常態化した社会では重要で、それにより、考え方が深化するのである。まさに、多様性とは、画一的考え方では対処できない問題に対処する方法になっている。幅広い分野で画一的な精鋭グループ（エリート集団）を凌ぐ成果を挙げている多様性のあるチームの報告も多く見られている（『多様性の科学』マシュー・サイド）。

多様性的思考を身に付けるにはどうすればいいのであろうか。我々は、とかく、複雑で多次元的な問題を一面的、直線的に解こうとする。これを「クローン錯誤」と言うようであるが、これを避けるには、全体論的視野が必要になる。そのためには、人生の経験を通じて集めた多くの引き出し（集合知）を持つことも必要であろう。また、自分とは異なる人々と接し、馴染みのない考え方や行動に触れることも重要である。まさに、「アイデアの蓄積」がモノを言う。そして、多様で複雑な社会において、多様性的思考を身に付けるには自分とは違う他者とのコラボレーションや知恵の共有が必須である。そのためには、「take（受け取り）」姿勢よりは、「give（与える）」姿勢が重要になることは言わずもがなである。

現在の拡張主義的経済成長の歪や限界を克服するには、ここで述べてきた多様性を理解し、視野を大きく広げる必要がある。前記マシュー・サイドが述べている「人類の知性は、個人ばかりではなく集団の多様性の上に成り立っている。イノベーションも、個人の知恵に限らず、集団のネットワークの中で起こる融合がカギだ。人類の繁栄も、個人の脳を越えた集団脳によってもたらされる」という言葉は改めて重い響きを持っている。

（2022年2月）

本意を打ち返す発想法

２０１９年10月5日の知謝塾は、俳人の髙柳克弘氏をお迎えし、「本意を打ち返す芭蕉の発想法」というタイトルで話を伺った。「本意を打ち返す」とは何であろうか。髙柳氏から教わったことは次のようなことである。「桜は遠く古代から、はなやかに咲き出てはすぐに散ってしまう花として、はかないものの美しさ」と受け止められて、それが「本意（常識）」となって和歌に詠まれていた。例えば、

「花の色はうつりにけりないたづらに我が身世にふるながめせしまに」（小野小町『古今集』）

「風さそふ花のゆくへは知らねども惜しむ心は身にとまりけり」（西行『山家集』）

これらの和歌は「桜」のすぐ散る花と儚い美の本意を踏襲している。しかし、芭蕉は、その本意を真似るやり方では創造的な俳句は生まれないと厳しい。つまり、本意を踏まえて創るやり方は常識以上でもなく、常識の延長線であり、創造的とは言えないと。

また、俳句では、茶柱、自分史、素振り、うたたね、いやし、なごむ、……といったクリシェ（常套句）は使わないのが良いとされている。乱用の結果、目新しさが失われた言葉は極力使わない。つまり、創造性がないと感じる。言葉の持つ古代からの本意や陳腐な常套句は打ち返さなければ新しいものは生まれない。このことは、俳句だけにとどまらない。何か、創造的な仕事を

する場合、従来の考えの延長線上にはその獲物はない。常識的な考えの先ではなく、常識を打ち返した先、新しい視点や観点の導入により、創造性が輝いていると思った方がよい。しかし、新しい視点や観点を見出すのが大変難しい。これも論理的思考の先ではなく、苦悩の末に突然現れる直観力に頼るしかない。それが芸術であり、創造性であろう。

「正解のコモディティ化」のブログのところでも述べたが、論理的思考、常識的思考の行き着く先は「常識的正解」である。創造的なものではない。将来、常識的正解はAI（人工知能）が最も得意とする分野であろう。創造的に行き着くには直観力による新しい視点の導入が必須であると思う。

話が飛ぶが、私が印象に残った小林秀雄氏の戦後の第一声を紹介しよう。「僕は政治的には無智な一国民として事変に処した。それについて今は何も後悔していない。大事変が終わった時には、必ず、もし、かくかくだったら事変は起こらなかっただろう。事変はこんな風にはならなかっただろうという議論が起こる。必然というものに対する人間の復讐だ。はかない復讐だ。この大戦争は一部の人達の無智と野心から起こったか、それさえなければ起こらなかったか。どうも僕にはそんなお目出度い歴史観は持てないよ。僕は歴史の必然性というものをもっと恐ろしいものと考えている。僕は無智だから反省なぞしない。悧巧な奴はたんと反省してみるがいいじゃないか」と。

彼のこの言葉には論理的思考の虚しさが滲み出ている。分かりやすい論説は表層的で、「歴史の必然性」という真実の前には何の意味もない。学知や人知では歴史の真実（事実ではない）を解釈できないのである。小利口な論理や、奇を衒った解釈では対処できない。対処するには直観力しかない。むしろ「歴史の方から語り出す」（小林秀雄）のを待つしかない。

評論家の江藤淳氏は別の角度から小林秀雄氏のことを次のように述べている。「……小林氏の処世は、米国の占領政策に合わせて学説を修正し、そのことと引き換えに地位を保全し得たのみならず、戦後学界に対する影響力の保証をも得た官学教授たちの処世の、まさに対極に位置するものであった」と。この事実は、自分の損得を越えたところから人知を超えた「直観力」が湧いてくることを示している。

少し、議論が脇道に逸れた感があるが、芸術を始めとして創造性を追求する分野では、常識や論理を超えた（打ち返す）直観力が重要であることが髙柳氏の講演では示唆されていた。見える世界は論理の世界である。見えない世界を観るには直観力（心耳、心眼）が必要である。見えない世界に真実、創造性が隠されていると言ってもよい。それを探り当てるのは直観力であるが、むしろ、創造的なものの方から自分のところにやってくる感覚が重要に思われる。そのためには、創造性を覆っている損得勘定の世界、「自分ファースト」の邪念（小我）の殻を破ることが芸術の神に近付く近道ではなかろうか。髙柳氏の講演は創造性の本質とは何であるかを気付かせる括目すべきものであった。

（２０１９年11月）

第七章　これからの生き方

マウント症候群

「マウント症候群」という言葉は正直知らなかった。中学の同期会が最近行われ、その時の写真を見た友達が、「男性は年を取ってくるとマウント症候群が出てくる感じがします。それが出なくて、ナチュラルに生きておられる方を見ると、凄くいい感じだなと思います。総じて女性の方が若々しく見えますね」と、言った。その時、ハッとして知ったのが、「マウント症候群」という言葉である。彼によると、「マウント症候群」とは、「自分の過去の職業、ポジション、専門性などを表に出して優越感（マウンティング＝mounting）を持ちたがる傾向」だとのこと。ここまで来ると、もうお分かりですね。

この知謝塾ブログでも何回か述べているように、高齢になると、ほとんどの人が所属する社会的居場所がなくなり、しかも、「心の居場所」もなくなってくる。そうすると、自分の存在意義（レーゾンデートル）を求めて、過去の社会的地位や名誉、仕事の成果に執着する。そうして、「マウント症候群」に陥るのである。それが顔や態度に出てくる。

自分で分かっていても、心のよりどころが欲しいのである。「あの人、凄い人だったのよ！」という一言、評判が欲しいのである。何と情けないことか。しかし、これが現実であり、大部分の男性が経験していることだと思う。他人と比較して生きるなと言われても、いつのまにか、学歴、社会的地位等々を他人と比較して生きている。そして、優越感や劣等感に苛まれている。これも、現役の時で、会社や組織という居場所があればまだ救われる。しかし、退職後はこの価値観だけではほとんどの人は生きていけない！　だから、過去の栄光にすがるのである。まさに、マウント症候群になる。人生100年時代を迎え、自分の存在意義を担保するものが「過去の自分」だけとは、ちょっと考えると末恐ろしい。

では、どうすればよいのだろう。新しい居場所（地域活動、ボランティア等）や新しい価値観（利他主義等）を自分で見つけるしかない。後で詳述するが、これまでの生き方は、自分を飾る「自分ファースト」の価値観である。私から言わせると、「表層的」で本当の自分に向き合ってない、「他人の評価によって自分を評価する」といった屈折した生き方である。

ここで、話を敢えて横道に逸らしてみよう。私は「人生はパラドックスで動く」と常日頃から考えてきた。いくつかの例を挙げてみよう。

「**幸福のパラドックス**」：幸福は自分から求めることができない、求めれば求めるほど逃げていく。「自分探し」「自己実現」を必死に追い求めても、求めれば求めるほど逃げていく。何かのため、誰かのためと思って、自分をなくして（忘我）、初めて、真の自分を発見する。

「**創造性のパラドックス**」：一見きわめて不合理と思われる事柄の奥に、人間存在の仕方のある必然性を洞察する。ここに、知性を含めた人間精神の創造的活動がある。表面的に不合理と思われる現象の奥に新しい視点で、合理性を見つけることが創造性である。

「**不幸のパラドックス**」：一見不幸な出来事も仮装しているだけで、実は天の祝福、恩恵である。その苦しみに耐えて、これを乗り越えた時、その苦しみは必ずその人を大成せしめる。

「**与えるパラドックス**」：成功者だから与えるのではなく、与えたから、成功者になれた。自分のみの幸せを求める生き方を唯一の目的とする生き方からそろそろ卒業しませんか。そして、「ほんとの自分（内なる自分）」に出会うことができる。

これらのパラドックスは何を我々に語っているのだろうか。ずばり言って、

・自分（自我）をなくす、俺が俺がという「自分ファースト」の気持ちを抑えること。これによって本当の自分（真我）を発見できる。

・「目的合理性」の考え方では人生の意義や創造性も獲得できない。

・不幸に遭遇しても、それを逆にチャンスだと捉える。そして、その出来事の意味を深く考えることから新しい人生の扉が開いてくる。

・利他的な考えを持つことにより、今まで、自分のためだけに生きてきた狭い了見から離脱し、新しい次元の人生を経験することができる。

時代は大きく変わろうとしている。SDGs（持続可能な開発目標）に謳われている持続可能性

や包摂性、多様性こそが創造性を生み出す源泉になっている。ＡＩ（人工知能）技術はChatGPTを始めとして急激に発展し、「目的手段合理性」の領域では人間は機械（ＡＩ）には勝てなくなっている。合理性、整合性、論理性、効率性といった考え方で、「正解」を一早く見つけ出すのはＡＩの独壇場になるであろう。人間には、ＡＩにはできない「不合理の合理性」といった創造性や自己犠牲や利他心といった「他人ファースト」の領域が残されている。これこそが、本当の自分に出会えるチャンスなのである。

人生１００年時代には、若い頃の「化石」に磨きをかけ、「マウント症候群」に浸る時間的余裕はないはずである。時代の転換期には新しい価値観が必要であり、「昔ばなし」に喜びを感じることは「心の老い」になるだろう。

（２０２３年５月）

玄冬時代の生き方

２０２３年はいろいろと話題が多い年となりそうだ。まず、米国ベル研究所でトランジスターが発明（１９４７年12月）されて75周年、同じ研究所でクロード・シャノンの「情報・通信理論」が発表されたのが１９４８年。75年前に同研究所で、現代のエレクトロニクス産業の基礎的なハードとソフトの発明や理論が成されたことは、その偶然性も含めて驚嘆すべきことであろう。さらに、ＡＩ（人工知能）・ロボット時代を迎え、半導体の重要性は、技術的な視点だけでなく、経済安保の観点からも看過できなくなっている。

もう一つ、社会にとって重要と思われる現象は、人口のボリュームゾーンである団塊の世代が、２０２５年には全て、後期高齢者（75歳以上）になることである（２０２５年問題）。人生１００年時代という超高齢化社会の主役に躍り出ることになる。よって、団塊の世代が75歳以降をいかに生き抜くかは個人にとっても社会にとってもインパクト（医療や介護、社会保障等）が大きいと思われる。

中国の陰陽五行説では、人生を１００年とすると、青春（０〜25歳）、朱夏（25〜50歳）、白秋（50〜75歳）、玄冬（75〜１００歳）と、四つの季節に分けて考える。

・青春時代は、とにかくまず良い指導者を見つけることが大事である。

・朱夏の時代は、私はこれを一生やっていくのだと思えるものを持てたらいい。
・白秋時代は、自分のそれまでの努力に花が咲く時代。この花は、失敗したら咲かないかというと、そうではない。成功だけを花だと思って、咲かなかったらダメだという考えはやめたほうがいい。花にはいろいろあって、成功という花もあれば、失敗という花もある。失敗して落ち込むのではなく、その失敗から学んで自分の糧にしていけば、それも一つの立派な花である。
・玄冬の時代は、自分の咲かせた花で少しでも周りの人が喜んだり、元気づけられたり、楽しんでもらえるように、その花をできる限り綺麗にし、そして増やしていく必要があるであろう。

玄冬の時代では、朱夏の時代に咲かせた花をさらに大きく育てたり、後輩を育成、指導したりすることだけではない。もっと、大きな課題が残されている。それは、居場所がなくなるという問題である。白秋時代までは、アプリオリに自分の所属する組織（会社他）が存在した。ところが、玄冬の時代になるとほとんどの人が所属する社会的場所がなくなるのである。しかも、「心の居場所」もなくなってくる。そうすると何が起こってくるか。

高齢者になると「今日行く（教育）」と「今日用（教養）」が必要だという戯言があるように、今日行く場所と今日用事があることが大切になる。ヒマな時間を持て余すのである。また、過去の栄光が忘れられず、過去に「執着」することにより、過去のデータに自分の存在意義を求めようとする。これが、新しい居場所を見つけられず、心のよりどころをいつまでも過去に求める人間の哀れさである。

玄冬の時代には新しい旅立ちが求められる。再「挑戦」である。「昔話はやめよう！」若い時の仕事は「生活」のため、これからの再挑戦は「人生」のためである。過去の社会的地位や名誉、金に執着しない心の訓練が必要になる。これから進んでいく新しい領域は自分の人生を賭けた最後の挑戦になる。

世間では「モノ」から「こころ」の時代（地の時代から風の時代とも）が来たと言われている。しかし、なかなか、実感として感じられないのは何故だろうか。個人の立場から考えると、青春の時代から白秋の時代までは、自己主張し、「自我」を全面に出すことによって、人生の荒波（生存競争）を乗り切ってきた。いわば、「自分ファースト」の世界にどっぷり浸かってきた。そこでの成功が自己の存在意義を認めさせる唯一の手段であった。しかし、玄冬の時代に入ると、組織のサポートもなく、あれだけ憧れた社会的成功の感覚を味わうこともできなくなる。さらに、自分の居場所もなく、悶々とし、過去の栄光に執着・回帰しているのではないだろうか。

このように、人生の「75年問題」は、「心の在り方」を抜本的に変える契機になりそうである。「自分ファースト」から「他人ファースト」への転換、「利己主義」から「利他主義」へ切り替えることにより、地域活動を始め、いろいろな出会いがあり、新しい居場所が見つかるのではないだろうか。

現在はＡＩの時代と言っても過言ではない。今まで人間が行っていたかなりの仕事をＡＩが担うことになり、人間にしかできない本当の「創造的」な仕事しか残らなくなる。また、「2025年問題」「75歳問題」は人間の本来あるべき姿「慈悲の心」「利他の心」の喚起につながっていくことだろう。

（2023年3月）

憧れるのはやめましょう

14年ぶりの世界一（WBC：野球の国・地域別対抗戦）をかけた決勝戦が始まる前に、大谷翔平選手から仲間へ言い放った言葉「憧れるのはやめましょう」は非常に意味がある言葉だと思う。かつて、メジャー挑戦から間もない頃、思うような結果が出ず、また相次ぐ故障もあり、自信をなくしかけた時に、イチロー選手が大谷選手へ言った言葉「自分の才能、自分のポテンシャルをもっと信じた方がいい」も同じような意味である。相手に「憧れたりする」感情は、自分という人間が確固とした柱を確立していない、自分の良さが見えない状態である。常に相手が上にいて、越えられない精神状態、必要以上に相手が大きく見えている。強いて言えば、憧れの相手に対して「越えられない壁」を設定して、その中で安住している。

ノーベル賞受賞者の江崎玲於奈博士も、ノーベル賞を取るための5か条で、「教えはいくら受けてもいいが、大先生にのめり込まない」と言っている。私のかつての指導教官、田中昭二東京大学名誉教授も「一流意識」を持てと言っていた。一流でない時にこそ、「一流意識を持てないと二流のままで終わる」と。

私にも同じような経験がある。会社に入って学会発表で海外出張をした時、論文等で一流と言われている研究者達の側で食事をしたことがあった。その時、会話をしながら、彼らと自分の能力はあまり違わないのではないかと感じたことがあった。今まであれほど憧れた研究者でも追いつけない距離ではないと感じた時に、何か一皮剥けた気がしたことを覚えている。「みんな同じだ！」と。

我々は、気が付かないうちに自分の周りに壁を設けている。その中にいると安心できるからである。前記の「憧れる」という感情も、「越えられない壁」を意識なく作り上げ、競争を避けている。以前、知謝塾ブログでも触れたように、壁を設けることにより、脳の「拒絶反応状態」を作り上げている。

評論家の小林秀雄氏も、デビュー作品『様々な意匠』の中で、文芸批評の原理について述べている。人々は中身よりはまず、手垢のついたイデオロギーを指導理論として用いて（これがまさに「イデオロギーの壁」（○○主義）であるが）、その中にいて批評を繰り返す。自分の信奉するイデオロギーを「尺度」として使って評論をする。そうすることがいかにも分かった気がするからである。それでは批評には何が必要か。彼は「直観」であると述べているが、ここではその詳細は省略する。

脱線したついでに、デカルトが唱えた「要素還元主義」について触れておきたい。17世紀の近代科学革命の指導原理の一つである要素還元主義は、「大きな全体は、小さな要素に分割することにより、よりよく理解できるという考え方であり、小さな要素に分割しても本質は変わらない」という意味である。しかし、この要素還元主義には重大な問題点（限界）がある。分解した要素を集めても全体を構成することができないのである。生物のような有機物では、小さな断片に分割すると全体として変質してしまう。だから、生物や人間が営む組織や社会も有機物なので、細かい要素にバラバラにしても、全体は元の要素に還元できないのである。科学がいくら進んでも、簡単な生物すら合成できないのが現実である。全体は部分の集合体ではないのである。還元主義は、複雑な現象を数個の変数に還元し、本質を射る（正鵠を射る）という方法論であるが、限界を持っていることに注意する必要がある。

「還元主義の壁」の中にいると安心して、完璧に議論できると思っているが、還元されないもの、壁の外にあるものに光を当てることが今世紀の課題ではなかろうか。複雑系、環境問題等もしかりであろう。蝶がはばたく程度の非常に小さな撹乱でも遠くの場所の気象に影響を与えるバタフライ効果、カオス理論といった予測困難性、初期値鋭敏性の問題が大きな社会的、政治的課題となってきている。これらは、壁の中の議論では到底対処できない。

少し脱線しすぎた感があるが、「憧れるのはやめましょう」を始めとして、我々は無意識に多くの「壁」を自分の周りにめぐらし、思考停止の状態に陥っている。これからは、壁を取り外し、いろいろな視点で思考する方法論を身に付けることが、情報データと論理（アルゴリズム）万能のＡＩ（人工知能）時代（ＡＩの壁）を乗り越える一矢となるのではなかろうか。

最後に、知謝塾事務局長の飯塚宏氏から聞いた郡司ペギオ幸夫（早稲田大学教授）の言葉を引用する。「人間がもともと天然知能なのに人工知能的になっているというのは、人工知能的な知性が論理的で優れた知のあり方だというふうに教育され続けてきたためだと思います。小さい頃から、難しい問題をどうやって抽象化して簡単にして解ける形に設定するかという、「そぎ落とす能力」のようなものを磨くことを訓練されるわけです。その呪縛から逃れるのは簡単なことじゃないですね。」

（2023年3月）

量子力学的生き方

今年（令和5年）正月に、『現象が一変する「量子力学的」パラレルワールドの法則』（村松大輔著）という本を読んだ。一見、SF的な感じがするが、ある種の真実を語っているようだ。最近の量子力学では、次のようなことが議論されている。

1. 全ての物（人間も含めて）は素粒子からできており、粒子的性質だけでなく、波の性質（波動）を持っている。

2. 我々は「パラレルワールド（平行世界、平行宇宙、平行時空）」に住んでいる。これは、量子力学の多世界解釈や、宇宙論の「ベビーユニバース」仮説に関係するものである。

3. 最先端量子科学が提示する「ゼロ・ポイント・フィールド」は仮説で、素粒子の発生源であり、ビッグバンの時に生じた「量子真空」と同じでエネルギーに満ちていると言われている。

2. と3. は「仮説」であるが、傾聴には値すると思う。これらのことをベースに人間の生き方を論じているのが本書である。

注目すべきことは、パラレルワールドは周波数帯で決まり、その人の持つ周波数で居場所は決まる。世界は一つではなく別の世界が存在し、タイムカプセルのように、過去、現在、未来まで行くことができる。しかも周波数であるのでエネルギーを持っている。

また、「ゼロ・ポイント・フィールド」には、この宇宙の全ての出来事が「波動情報」として「ホログラム原理（波動干渉を利用）」で「記録」されているらしい。これらのことは、現在の最先端宇宙論では「荒唐無稽」のことではなく、真剣に議論されている。

宗教の世界ではこの「ゼロ・ポイント・フィールド」と極めて似たビジョンが昔から語られていて興味深い。例えば、仏教の「唯識思想」では、物事の全ては心の深層にある「阿頼耶識」から生じると考えられている。この「阿頼耶識」にはこの世界の過去の出来事や未来の全ての原因となる「種子」が眠っている。また、「古代インド哲学」でも「アーカーシャ」の思想があり、そこには、宇宙誕生以来の全ての存在について、あらゆる情報が記録されているらしい。

我々の無意識が、この「ゼロ・ポイント・フィールド」と結び付くと「直観」「以心伝心」「予知」といった不思議なことが起こり、究極的には「真我」が現われてくる。「真我」とは自我で曇っていない本当（本来）の自分。話が少し難しくなったが、現代科学が指向する「唯物論的思想」「物質還元主義」の視点では前記の「意識」の問題を解明できないことは明らかである。

全ての源である「ゼロ・ポイント・フィールド」につながるためには、強い「意識」や「意図」を持つことが必要である。それによって現象化する。私たちの意識はフォトン（光子、素粒子）の放出という形をとる。「嬉しいフォトン」もあれば「ムカつくフォトン」もあり、周波数で決まっている。相手のフォトンを受信するのは自分と同じ周波数帯域のものだけである。良い運気を引き寄せるには、愛や希望、感謝、利他心などの「ポジティブな想念」を持つことが重要だと言われている（因みに愛とか利他心の波動は周波数が高い。恨みとか妬みの波動は周波数が低い）。パラレルワールドも周波数帯で分類される。高い周波数帯は愛に満ちており、低い周波数帯は恨みのようなネガティブな感情に溢れている。同じ周波数は共鳴し合い、類は類を呼ぶ現象が生じる。天国は高い周波数で満ち、地獄は低い周波数が充満した世界なのだろうか（笑）。また、ゼロ・ポイント・フィールドを探求していくと「死後の世界」についても当然このフィールドは関係あるが、ここでは紙面の関係で深入りしないことにする。

ここで、パラレルワールドについてまとめてみよう。

1. パラレルワールドは周波数帯である。それはゼロ・ポイント・フィールドに畳み込まれている。
2. 「意識」や「意図」を変えると周波数帯が変わる。我々は雲のような存在で、周波数は常に変化している。
3. 自分がいる周波数帯ではその世界に合った現象が起きる。これが引き寄せの法則。
4. 現在だけではなく過去や未来も変わる。素粒子には、時間や空間がなく、意識によって現われる。

前記した量子力学的な概念、パラレルワールドやゼロ・ポイント・フィールドの考え方は既に言われているものと共通しているものが多い。引き寄せの法則、利他心の重要性（稲盛和夫）、ありがとうの法則（小林正観）、ポジティブシンキング（マーティン・セリグマン）等々。つまり、愛に満ちた利他心のある生活が最高の幸せと呼ぶ生き方なのだろう。

ここで述べたものは、仮説の段階で、実証されたものではないが、我々が日頃経験している不思議な出来事の解明に、ある科学的な光をあてるものになるであろう。見えないものを観えるようにしてきた物理学の歴史を考える時、前記の概念が確信に変わり、実証されることを期待したい。

（２０２３年１月）

「人新世」の時代

２０２１年は「コロナに明け、コロナに暮れた」と言っても過言ではない。そして、２０２２年には「オミクロン」のような新株が現われ、感染力がデルタ株に比べて著しく大きく、新しい局面になっている。

また、「人新世」という言葉も気になっている。人類文明は、直近１・２万年の地球システムの安定期「完新世」によって、人類は農業を基盤に、文明を発展させてきた。しかし、ここに来て、人間の活動の痕跡が地球の表面を覆い尽くした年代という意味で、ノーベル化学賞受賞者のパウル・クルッツェンは、「人新世」と名付けた。つまり、地質学的に見て、地球は新たな年代に突入した。気候変動、環境問題、そして新型コロナウイルスの蔓延も「人新世」を特徴付けるものとなっている。官民挙げてのグリーントランスフォーメーション（ＧＸ）やデジタルトランスフォーメーション（ＤＸ）がどれくらい威力を発揮できるかが問われている。

体操の内村航平選手の引退宣言も注目すべきことだろう。「２０１１年の世界選手権については、今まで感じたことのないゾーンみたいなものを感じ、朝起きる前から今日は何をやってもうまくいくという感覚で目が覚め、試合が終わるまで全てうまくいった。これはもう一生出ないと感じた。失敗をする気がしないという次元ではなく、この場をどう楽しもうかという強さとはかけ離れた、自分一人だけが楽しんでいる状況だったので、それが強かったと思う。その次の年にロンドンオリンピックがあってその〝ゾーン〟を再現したいと思ったが、〝ゾーン〟は狙ってやれるものでないと感じた。あれを1回経験できただけでも人間を超えられたと思う。」

このゾーンの経験こそ、私が常日頃述べている小我（自我に拘る＝煩悩）の世界（勝ち負けに拘る）から脱出し、大我（他人ファースト）の世界に入ったから味わえた境地であろう。何故そこまで達したか。彼が述べているように、「世界一の練習量」に裏打ちされた自信である。

以前、この知謝塾ブログでも紹介したが、柔道家の大野将平選手も小我の世界の克服について次のように述べている。

「実力だけでは勝てない。実力を超えた何かが必要。若い頃は怖いもの知らず、でも、経験値を積んで勝負の怖さを知った。勝ち続けるためには自分の弱さを知る必要があった。弱さを経ない強さなんて、ない」と。自分の弱さとは勝ち負けに拘る心の弱さである。ここを抜け出せばゾーンに入ることができる。

スキージャンプの高梨沙羅選手の場合、ソチ冬季オリンピックのジャンプ女子では金メダル確実と言われながら、4位に終わった。その時、「初めてプレッシャーの恐ろしさを感じた」と。このプレッシャーこそ小我の世界に苛まれている姿である。小我の世界を一瞬なりとも脱出できたものがメダルに輝くのであろう。

「人新世」の時代は人のエゴ（自我）が物事のマイナス面を加速する。「自分さえ良ければいい」という煩悩が気候変動や環境問題、コロナ問題の元凶であるという自覚を各人が持つ必要がある。ＧＸやＤＸが発達しても利用するのは人間である。

今回、触れることができなかったが、ＧＸやＤＸ技術はまだまだ初期段階の技術である。これからは、技術開発が時代を引っ張っていくようになっている。量子コンピュータも思ったよりも、ものすごい勢いで進歩しており、実用化もかなり早く来るだろう。また、エネルギーに関しても自然エネルギーvs原子力という構図ではなく、新しいエネルギー源の研究も必要になる気がする。

以上、いろいろ述べてきたが、「人新世」の時代には人間の行動や心が今まで以上に重要になるように思われる。新しい時代の目撃者になりたいものである。

（２０２２年１月）

「未来のサイズ」を読む

「『この味がいいね』と君が言ったから7月6日はサラダ記念日」（1987年）は俵万智のデビュー作（第1歌集）であるが、彼女が最近、7年ぶりの歌集『未来のサイズ』（角川書店、2020年）を上梓した。2013～2020年の間に詠まれた418首である。舞台は、石垣島時代、宮崎時代、そして、コロナ禍の現在である。その中の代表作に次のような歌がある。

「制服は未来のサイズ　入学のどの子もどの子も未来着ている」

彼女の感性の豊かさにはいつも感嘆する。結論めいたことを言うと、彼女はある対談で次のように述べている。「大人の背はもう伸びることはありませんが、心はずっと成長していくものだと思います。つまり、私たちの「未来のサイズ」は心の中にある」、さらに、「ここで、完成したと終わりを決めてしまうのではなく、自分はまだまだ完成していない、むしろ未熟だ。だから、学ぶことがまだまだ残っている」と。

彼女が『サラダ記念日』を出版した頃（25歳）のきらきらした青春を謳歌した感性と、あれから30年以上経った感受性は確かに違う。子供を持ち、子育てを経験した目は、自ずと未来を向いている。都会から地方に移ると、社会の矛盾点がより鮮明に見えてくる。コロナ禍では「新しい日常（ニューノーマル）」に価値を感じるようになる。これらの日常の変化を歌人の感性は見落とさない。確実に時代を切り取ってくる。そして、「短歌はまさに、時代を映す鏡となる」。いや、それだけではない、未来さえも言葉が紡ぎ出してくる。

俳句の17文字、短歌の31文字と短い言葉に込めた作者の想いは、作者の意図以上に想像力をかきたてる。どんな立派な評論よりは時代や社会の姿、問題点の正鵠を射る如く抉り出してくる。

ここで私の好きな歌を紹介しよう（2020年のコロナ禍での作）。

第二波の予感の中に暮らせどもサーフボードを持たぬ人類

「画面に上座下座がありますか？」マナーブックにまだ答えなく

手伝ってくれる息子がいることの幸せ包む餃子の時間

説明は要らないと思う。説明すればするほど歌の世界が小さくなる。

彼女は「未来のサイズ」の歌の後、「同時に、自分に一番しっくりくる、等身大のサイズを探して進み続けることも大事なことかもしれませんね」と、付け加えることを忘れない。このバランス感覚が、子育てやコロナ禍を経験した女性が持つ強さと感性の柔らかさなのだろう。

何年後かに出るであろう次の歌集が待たれる。どのような変貌を遂げているのだろうか。失礼だが羨望さえ覚える自分の「未熟さ」を見つめている。

（2021年3月）

年を取るということは

年を取るということはどういうことだろう。私も70歳を過ぎ、死ぬまで20～30年であることを実感している。死を意識するのも老人の特権かもしれない。年を取らなければ、過去を振り返ったり、未来を想像したりすることは、特別な場合を除いてあまりないだろう。若い時は、仕事に忙殺されており、その仕事の過去と未来の延長線上で考えている。大脳皮質で考える合理的な思考である。

しかし、老人は仕事から解放されて、「さぁ～、自由だ」と思っていると、人生の究極の問題が迫ってくる。「俺の人生は何だったのか」「人生の意味は？」「死とは」「死んだらどうなるのか」……。止めどなく、洪水のように押し寄せてくる。だから、哲学が必要だという人も多い。この問題に、真正面から取り組んだのが釈迦である。

哲学とは、自分がこうして生きていること、ここにこうして存在していることについて考えること、そしてその人生をひたして流れていく時間とはいったい何だろうかと考えることで、要するに、哲学とは「存在」と「時間」について考えることであることは昔から言われている。

こうした考察は、老人だけの問題ではなく、重い病気を経験した人や身の回りに大きな不幸を抱えたことのある人たちはたとえ年が若くてもふとした折に、人間の存在や人生という流れを形作っている時間とは何なのかと苦悩するものである。

これらの人生の究極の問題に対して答えを与えたのが、釈迦が語ったとされる言葉を弟子がまとめた『法華経』である。その内容について、ここで詳細に述べることは、私の能力を超えているが、その骨子を述べ、考察の一助としたい。

起こったこと全てに、必ず「縁」や「因（原因）」があり、「果（結果）」が現われるという真実。これらの要因にはさらに6種類あるがここでは省略する。これらの9個の要因が複合的に絡み合って、ある現象が現われると言われている。これらの要因（如是）がいくつも重なり合って人間の人生が出来上がると。これを述べているのが『十如是』である。当初は分からなくても、後になって言われる「奇しき縁に導かれて」という言葉も複雑に絡み合った「十如是」を示している。自分の抱えている不本意がもたらされた本当の訳（十如是）を知ることで、納得して人生を過ごすことができる。この十如是、要因をいかにして気付くかが重要である。

ハッブル宇宙望遠鏡によって解明された何億光年の彼方にある銀河やブラックホールのマクロの世界と、コロナを始めとして我々地上の生物に大きな影響を与えているウイルスといった微生物たち、あるいは遺伝子といったミクロな世界の対置について認識する時、我々人類の「存在」や自己の「存在」は極めて暗示的である。

『法華経』の中の「如来寿量品十六」という章がある。その中で、仏の存在の悠遠性と人間存在の永遠性について述べている。自分の人生も30代を遡れば、10億人以上と関わっている。それだけ、過去にも未来にも永遠につながっている。自分を中心に親があり、子供があり、先祖、子孫という人間の関わりが切りなくあるということ、つまり「存在」の永遠性について考えさせられる。

人間の原型とも言われているネアンデルタール人にも死者を埋葬する習慣が既にあったと言われている。肉親や仲間が死んだ後のこと、死後の世界のこと、さらには死んだ後のずっと先の「再生」や自分たちの意志を混ぜた未来としての「将来」のこと、現在とは異なった時間に対するある種の感覚があったに違いない（石原慎太郎）。これが、輪廻転生といった考え方につながることは容易に推察がつく。

時間については、物理学の巨人がいろいろなことを言い、それがその時代の真実を反映しているように見えるが、ここではこの小ブログの本題から外れるので、彼らの言葉だけを伝えておく。ニュートンは「時間とは宇宙から孤立した存在」、ライプニッツは「時間は宇宙の様相」、そして、アインシュタインは「時間は宇宙のそれを眺める者との相関」と。

今まで述べてきた、「縁」「因」を含めた「十如是（要因）」、「時間」や「存在」の悠遠性や永遠性、般若心経の中で何回も出てくる「空」や「色」（現象として現われたもの）、……等を司っている正体は何であろうか。これらの「宇宙の真理」を支配しているのは誰か、何か。この疑問に答えるのに、「神」や「Something great」を持ち出せばそれまでだが、仏教では「実相」と呼ばれている。

究極の真理の獲得に至る道程で絶対必要とされるものは「我」を捨てることだと釈迦は教えている。「我」というのは、自分本位のことでいろいろな種類や形がある。好き嫌い、執着、迷い等々。『我』の根底にあるものは「欲望」「我欲」に他ならない。その欲望が、結局人間にとっての悪しき状況をもたらす。人間の苦しみの根底には自我によって生じる執着がある。釈迦は執着、貪欲を断ち切る方法を具体的に示している。『八正道』を守れと。詳細は省略する。

再度述べるが、『実相』なる山の頂に向かう登り口にある、「十如是」や「空」「色」「我」等について簡単に説明してきた。明確な結論は出ないが、「ある共通した原理によって調和しながら動かされている」、そのことが『実相』ではないかという意見もある。「この世の中、つまりこの現象世界は千差万別であり、変化してとどまるところがないようには見えるが、その奥の奥では常に大きな調和を保っている永遠の存在だ」（庭野日敬、『新釈法華三部経』）。釈迦はこれらのことについて、多分、この世界で初めて考え、この世の全ての存在のミクロ条件、ミクロの方程式を与えたものについて、つまり、究極の真理として『存在』なるものを与えたものについて感じ取り、見出し、それを実相として我々に伝えようとしたのだと思う。アインシュタインの言葉が残っている。

「……我々が解き明かすことができない〈或るもの〉が真に存在することを知り、これが至高の知恵となり、目を奪うような美となることを知る。そして〈或るもの〉は、我々の鈍感をもってしては、その端の端をしか捉えることができないことを知る――この知識こそ、この情感こそ、真の宗教的精神の中心をなすものである。」

　自分の人生経験から、我々は「自分の人生の意味」や「存在する理由」を考えるのも老人の特権である。その中で、そのわずかでも、起こったことの真の要因、「十如是」を感じるには前記したように「我」を捨てることであろう。自我を捨てたところに真実が微笑んでくれる。人生の老齢期に円熟した気持ちになるには自我を捨て、利他の心になる以外なさそうである。

（2020年7月）

あとがき

失敗、挫折や苦悩のない人生はないと言われている。しかし、誰しも苦労よりは楽をしたい。だから、できるだけ苦労をしたくないと思うのは当然である。しかし、苦悩によって人間は磨かれ、人生の「深い喜び」が得られる。このブログで追求した「内的成長」も実現できるのである。私の好きな言葉を紹介しよう。

「何も咲かない寒い日は下へ下へと根を伸ばせ。やがて大きな花が咲く」（マラソン選手高橋尚子さんを育てた陸上競技指導者、中澤正仁の言葉）。その意味は、普通、人間は上ばっかり見て、上へ上へ伸びようとする。また、前へ前へと進もうとする。チャンスが来ない時には、下へ奥へと進むことにより、人格が磨かれ、次のチャンスを掴むことができる。表面的、外面的成功は達成できなくても、内面的成長はする。それが人生の大きな花を咲かせるのである。

この本の主なテーマの一つに「学知の限界」がある。ブログでも触れたが、１９３０年オルテガ・イ・ガセが発した「学問以外の神に仕える御用学者」という言葉は、真理に仕えなければならない我々研究者や学者にとっても肝に銘じなければならない。その根底には「保身」という煩悩が見え隠れする。また、東日本大震災による福島原発事故の時の原子力学者たちの行動が彷彿とされる。まさに、社会的責任を放棄した専門家、欲望のままに「専門知」を操る専門家、権力にすり寄る専門家の姿である。筆者は、反知性主義者ではない。「知」によりて「識」によらず（知識を誇示して良識に欠ける）態度が気に食わないのである。そこから「学知と現場実践の乖離」の古くて新しい問題も生じてくる。言行不一致である。全て、損得勘定が頭をもたげている。

日本大学教授先崎彰容の指摘も厳しい。「〝進歩〟することこそ、人間生活全体を支える価値基準にしている人も多い。友人関係を例にとれば、友人と今日、食事をすることが自分の出世にとって有益であるのか。この人と時間を共有することが、次の仕事につながるかどうか。功利性・生産性・利益の有無で人間関係を判断するということ。よって出世に「使えない」友人は、すぐさま疎遠になってしまう。人と人との間に、次への展開、新しい何かが生まれることを期待する。こうした価値観を支えに、自分の人生を常に評価し、展開していく。これを進歩「主義」という。」

21世紀になって、時代の変化のスピードが増している。しかし、ＡＩ（人工知能）技術を筆頭に、技術は著しく進歩しても、人間の心の持ちようはソクラテスの時代からほとんど変わっていないと思う。それが、人間のＤＮＡに刻まれた〝煩悩〟というものだろう。人間の「自我」（自分ファースト）を司る一層目の「心」を精神の中心に据えて社会生活を送っているからである。そこには、他人と比較する世界、勝ち負けの世界、知的合理性を追求する論理の世界がある。当然、激しい競争、修羅が出現する。また、目的合理性の権化であるＡＩが著しく進歩する。これが今の世界である。人間のエゴ（自分・自国ファースト）が招いた、ウクライナ・ロシア戦争、地球温暖化による感染症のパンデミックス、ＡＩ技術によるフェイクニュース等々、挙げれば切りがないくらいだ。気が付けば恐ろしい世界になっている。ではどうすればいいのだろうか。

第四章のブログで述べたように、心の深化が必要になる。自分のことより他人を思いやる「こころ」である。利他心である。「徳」の叡智が必要になる。筆者か前著『知謝塾』の「陽徳と陰徳」のところで書いたことがあるが、陽徳は見返りを期待して善行を行うことで、陰徳は見返りを期待しないで徳を積むことである。自分の子供に対する母の愛や慈しみは陰徳であり、菩薩愛とも言う。

最初から営為の結果（リターン）を求めても、そう簡単にいかないのが世の常である。むしろ、逆の結果が現われてくることもある。人間誰しも欲がある。欲があるから、他人より偉くなりたい、負けたくない気持ちがバネになっていい仕事をする人も多々ある。いい仕事をして社会的に偉くなってもそこから権力欲に目覚め、晩節を汚す人もある。最近の学者の背信の問題も根底にはこのような精神状態が起因する。徳を積むことがいかに難しいかが分かると思う。いつの間にか、「自分ファースト」の陽徳の心が忍び込むのである。

知謝塾という賢者との対話を通じて心に感じたことを綴ったのがこの本である。まだまだ、利他心が常に筆者の行動様式に刷り込まれているとは言えない。しかし、ブログを書くことにより、自分を見つめ直し、内的成長への旅を続けていきたいと思う。

最後に、知謝塾で講演していただき、私の利他心を刺激していただいた賢者に心から感謝申し上げる。65名以上の講演者の名簿は講演題目とともに本編の前に掲載している。さらに、知謝塾の運営全般に亘り、事務局長として尽力していただいている（株）日立ドキュメントソリューションズの飯塚宏氏に深謝申し上げたい。巻末には彼の知謝塾に対する感慨を雑感として掲載してもらった。

また、原稿をまとめるにあたり、ご尽力いただいた丸善プラネット株式会社の水越真一氏、戸辺幸美氏に厚く御礼申し上げたい。

「知謝塾」第二巻発刊に寄せて——Lay Expert の知を求めて

知謝塾　運営事務局長　飯　塚　宏

早いもので知謝塾を始めて10年以上が経った。当初は何らかの社会的インパクトを持てればと夢見たものだが、世の中そう甘くはない。淡い期待は早々に捨て、現在は2ヶ月に1度のペースでオンライン開催が定着していて、武田塾長を中心とする有志で自由闊達な議論を楽しんでいる。

思えば、塾長が知謝塾の発足にあたって掲げたのは「大学でも企業でも得られない在野の知」というコンセプトであった。前提となっているのは言うまでもない。大学や企業では当たり前とされる知の在り方に対する疑問である。大企業で経営役員を務め、大学で教鞭を執ってきた塾長だからこそ、身に沁みる思いがあったものと拝察する。

まず大学の知とは、文系理系を問わず、科学的研究としての要件を満たさなければならない。検証可能性、文献実証性、統計的分析、方法・結果の公表性などに加え、厳密な論理的整合性が求められる。そのため、必然的に専門化・細分化せざるを得ず、今では対外的なアカウンタビリティも極めて重要だ。中身よりも表向きの体裁が重視されるので、組織力学や権威主義的な空気に流されることも少なくないようだ。

一方、企業の知はどうか。知識社会と言われる昨今、あらゆる企業経営も知なくしては立ちゆかない。従来の戦略論に加え、マーケティング、ブランディング、人財、デザイン思考、サステナビリティ等々、高度な知が駆使される。とは言え最終的には儲かるかどうか、成長し続けられるかどうかだ。理論としてはどれほど正しくても実践で使い物にならなければ何の意味もない。要するに資本主義というゲーム内に限った結果オーライの世界である。

つまり現代の知とは、大学の知と企業の知という根本的に相容れない二つの異なる知が微妙に距離を置いて並存している状況と言えよう。共通しているのはいずれも極度に専門化したExpertの世界だということだ。お互いを利用しつつ、またお互いに不干渉というお約束の下、外部を寄せ付けないまま、それぞれ自分たちの専門知を極めることだけに余念がない。

もちろん、こうした状況は今に始まったことではないし、危機感を抱く人たちは二つの知の架橋・融合を試みている。取りわけ専門知の弊害については3・11の直後、クローズアップされ、権力に忖度する専門家の人格が厳しく問われた。しかし、日常が取り戻されると、メディアでは再び専門家を巫女のごとく扱い、社会全般に関わる、または世代を越えるマクロな問題に対して安易な答えを求めるようになった。心ある人は何かがおかしいと違和感を抱くものの、問題の所在を言い当てることができず、もどかしく感じている。

科学史・科学哲学の泰斗、村上陽一郎先生によれば、米国社会ではこうした専門知の弊害に対する警戒心が伝統的に強く、専門家以外の一般市民の意見にも耳を傾けることの大切さが広く認知されているという。陪審員制はよく知られているが、専門家ではない立場で公的な議論の場に参加するためには相応の知識をリベラルアーツとして身に付ける必要もあるだろう。また、そのような人材をLay Expertと呼ぶらしい。Layとはまさに素人という意味だが、そこで求められるリベラルアーツこそ、知謝塾がめざす「大学でも企業でも得られない在野の知」に違いない。

しかし、このことは社会における専門知の役割を軽んじるものではない。むしろ現代における数多の専門知の重要性を十分に理解するためにこそ、Lay Expertとしてのゆるやかな知が求められるのである。全ての分野に通じたExpertはいない。またいかに卓越したExpertもそれ以外の分野の事柄についてはLayの一人である。

「一人も取り残さない」というスローガンが人類の共通課題として掲げられている今日、あらゆる問題を通じて最終的に問われているのは「人間」そのものである。人間とは何か、誰かがその全てを語り尽くすことはできない。言い換えれば、このテーマの下では我々全員がLayでありExpertである。

人生100年時代と言われる通り、それぞれの分野でExpertとして専門知を極めた現役生活を終え、在野のLayとして過ごす人生は長い。そんな時、大学の知も企業の知も越えて、誰もが同じLay Expertとして語り、自在に論じ合えるのは何と愉快で、何と有意義なことだろう。

知謝塾はそんなLay Expertが集う場なのである。規模としては決して大きくないものの、やはり継続は力なりである。時代を先取りした武田塾長の志は具体的な形となっていよいよ実を結びつつある。

参考文献

『文藝春秋』２０１９年4月特別号
加藤周一『日本文化における時間と空間』岩波書店（２００７）
更科功『進化論はいかに進化したか』新潮選書（２０１９）
岸見一郎『マルクス・アウレリウス、自省録』ＮＨＫテキスト（２０１９）
山口周『仕事選びのアートとサイエンス』光文社新書（２０１９）
原武史『平成の終焉』岩波新書（２０１９）
水野和夫、山口二郎『資本主義と民主主義の終焉』祥伝社新書（２０１９）
末盛千枝子『根っこと翼』新潮社（２０１９）
池内了『物理学と神』講談社学術文庫（２０１９）
ヤニス・バルファキス『父が娘に語る美しく、深く、壮大で、とんでもなくわかりやすい経済の話。』ダイヤモンド社（２０１９）
金子勝『平成経済　衰退の本質』岩波新書（２０１９）
佐藤靖『科学技術の現代史』中公新書（２０１９）
大澤真幸『社会学史』講談社現代新書（２０１９）
佐藤勝彦『アインシュタイン「相対性理論」』ＮＨＫテキスト（２０１２）
ジミー・ソニ、ロブ・グッドマン『クロード・シャノン　情報時代を発明した男』筑摩書房（２０１９）
萱野稔人『カント「永遠平和のために」』ＮＨＫテキスト（２０１６）
増田直紀『海外で研究者になる』中公新書（２０１９）
中島岳志、平山周吉［監修］『江藤淳』河出書房新社（２０１９）

髙柳克弘『蕉門の一句』ふらんす堂（2019）
梅原猛『歎異抄』講談社学術文庫（2000）
桑子敏雄『何のための「教養」か』ちくまプリマー新書（2019）
望月衣塑子、前川喜平、マーティン・ファクラー『同調圧力』角川新書（2019）
岸見一郎『アドラー　人生の意味の心理学』NHKテキスト（2016）
岸見一郎、古賀史健『嫌われる勇気』ダイヤモンド社（2013）
村木厚子『日本型組織の病を考える』角川新書（2018）
酒井雄哉『一日一生』朝日新書（2008）
ヴィクトール・E・フランクル『生きがい喪失の悩み』講談社学術文庫（2014）
諸富祥彦『フランクル「夜と霧」』NHKテキスト（2013）
諸富祥彦『生きていくことの意味』PHP新書（2000）
折原浩『東大闘争総括』未来社（2019）
小林秀雄『人生について』中公文庫（1978）
蛯原健『テクノロジー思考』ダイヤモンド社（2019）
野口悠紀雄『データ資本主義』日本経済新聞出版（2019）
藤井秀樹『デジタルトランスフォーメーション　成功の条件』幻冬舎（2019）
片山杜秀『革命と戦争のクラシック音楽史』NHK出版新書（2019）
亀井卓也『5Gビジネス』日経文庫（2019）
藤崎慎吾『我々は生命を創れるのか』BLUE BACKS（2019）
若松英輔『西田幾多郎「善の研究」』NHKテキスト（2019）
毎日新聞「幻の科学技術立国」取材班『誰が科学を殺すのか　科学技術立国「崩壊」の衝撃』毎日新聞出版（2019）
曽野綾子『人間の芯』青志社（2019）

小林秀雄、江藤淳『小林秀雄　江藤淳　全対話』中公文庫（2019）
小林正観『宇宙を味方にする方程式』致知出版社（2006）
ユヴァル・ノア・ハラリ『21 Lessons』河出書房新社（2019）
『文藝春秋』2020年新年特別号
『中央公論』2020年1月号
西村吉雄『イノベーションは、万能ではない』日経BP（2019）
亀山郁夫『ドストエフスキー「カラマーゾフの兄弟」』NHKテキスト（2019）
パウロ・コエーリョ『アルケミスト』角川文庫（1997）
マックス・テグマーク『Life 3.0』紀伊國屋書店（2010）
山本康正『次のテクノロジーで世界はどう変わるのか』講談社現代新書（2020）
植村修一『世界を支配する運と偶然の謎』日本経済新聞出版（2019）
丹羽宇一郎『死ぬまで、努力』NHK出版新書（2020）
木村敏『時間と自己』中公新書（1982）
末木文美士『日本思想史』岩波新書（2020）
丸山俊一他『岩井克人「欲望の貨幣論」を語る』東洋経済新報社（2020）
石井洋二郎『危機に立つ東大』ちくま新書（2020）
佐伯啓思『西田幾多郎』新潮新書（2014）
藤田正勝『西田幾多郎』岩波新書（2007）
小山慶太『科学史の核心』NHK出版新書（2020）
岡田晴恵『人類vs感染症』岩波ジュニア新書（2004）
岡田晴恵『知っておきたい感染症』ちくま新書（2020）
中条省平『アルベール・カミュ「ペスト」』NHKテキスト（2018）
諸富祥彦『悩みぬく意味』幻冬舎新書（2014）

吉原珠央『自分のことは話すな』幻冬舎新書（2019）
野口悠紀雄『中国が世界を攪乱する』東洋経済新報社（2020）
山本太郎『感染症と文明』岩波新書（2011）
冨山和彦『コロナショック・サバイバル』文藝春秋（2020）
宮坂昌之『免疫力を強くする』BLUE BACKS（2019）
行徳哲男『感奮語録』致知出版社（2011）
出口治明『還暦からの底力』講談社現代新書（2020）
田口善弘『生命はデジタルでできている』BLUE BACKS（2020）
佐藤優『宗教改革者』角川新書（2020）
保阪正康『近現代史からの警告』講談社現代新書（2020）
五木寛之『こころの相続』SB新書（2020）
三砂ちづる『自分と他人の許し方、あるいは愛し方』ミシマ社（2020）
帚木蓬生『老活の愉しみ』朝日新書（2020）
横田南嶺、五木寛之『命ある限り歩き続ける』致知出版社（2020）
小林秀雄『小林秀雄対話集直観を磨くもの』新潮文庫（2013）
石原慎太郎『法華経を生きる』幻冬舎（2000）
大野和基編『コロナ後の世界』文春新書（2020）
芳村思風『人間の格』致知出版社（2011）
行徳哲男、芳村思風『いまこそ、感性は力』致知出版社（2010）
田中優子『未来のための江戸学』小学館新書（2009）
柴田宵曲『古句を観る』岩波文庫（1984）
森川博之『5G』岩波新書（2020）
村上陽一郎編『コロナ後の世界を生きる』岩波新書（2020）

岡田暁生『モーツァルト』ちくまプリマー新書（2020）
池田清彦『自粛バカ』宝島社新書（2020）
ユヴァル・ノア・ハラリ『緊急提言　パンデミック』河出書房新社（2020）
塩野誠『デジタルテクノロジーと国際政治の力学』News Picks パブリッシング（2020）
野口悠紀雄『経験なき経済危機』ダイヤモンド社（2020）
山本尚『日本人は論理的でなくていい』産経新聞出版（2020）
高水裕一『時間は逆戻りするのか』BLUE BACKS（2020）
佐伯啓思『経済学の思考法』講談社学術文庫（2020）
武村政春『細胞とはなんだろう』BLUE BACKS（2020）
佐伯啓思『近代の虚妄』東洋経済新報社（2020）
鈴木洋一郎『見えない宇宙の正体』BLUE BACKS（2020）
若松英輔『読書のちから』亜紀書房（2020）
野口悠紀雄『リープフロッグ』文春新書（2020）
本山博『啓示された人類のゆくえ（Ⅱ）』宗教心理出版（2017）
暮沢剛巳『拡張するキュレーション』集英社新書（2021）
山本正『我々人間とは何か』文芸社（2020）
大西康之『起業の天才』東洋経済新聞社（2021）
長谷川修司『トポロジカル物質とは何か』BLUE BACKS（2021）
高橋昌一郎『フォン・ノイマンの哲学』講談社現代新書（2021）
マット・リドレー『人類とイノベーション』News Picks パブリッシング（2021）
田中優子、松岡正剛『日本問答』岩波新書（2017）
坂村健『DXとは何か』角川新書（2021）
高橋昌一郎『20世紀論争史』光文社新書（2021）

中野剛志『小林秀雄の政治学』文春新書（２０２１）
伊藤亜砂編『「利他」とは何か』集英社新書（２０２１）
高柳克弘『究極の俳句』中公選書（２０２１）
デビット・A・シンクレア他『Life Span（老いなき世界）』東洋経済（２０２０）
福田和也『教養脳』文春新書（２０２１）
若松英輔『「生きがい」と出会うために』ＮＨＫ出版（２０２１）
深川峻太郎『アインシュタイン方程式を読んだら「宇宙」が見えた』BLUE BACKS（２０２１）
村上和雄『コロナの暗号』幻冬舎（２０２１）
長谷川熙『崩壊　朝日新聞』ワック（２０１８）
今枝由郎『ブッダが説いた幸せな生き方』岩波新書（２０２１）
戸谷友則『爆発する宇宙』BLUE BACKS（２０２１）
マルクス・ガブリエル『つながり過ぎた世界の先に』ＰＨＰ新書（２０２１）
上野千鶴子『ボーヴォワール　「老い」』ＮＨＫテキスト（２０２１）
柴田宵曲『蕉門の人々』岩波文庫（１９８６）
田口善弘『はじめての機械学習』BLUE BACKS（２０２１）
アルボムッレ・スマナサーラ『心は病気』KAWADE 夢新書（２０２１）
森本哲郎『生き方の研究』ＰＨＰ文庫（２０１６）
佐伯啓思『死にかた論』新潮選書（２０２１）
橋本幸士『物理学者のすごい思考法』インターナショナル新書（２０２１）
丹羽宇一郎『会社がなくなる！』講談社現代新書（２０２１）
丹羽宇一郎、藤井聡太『考えて、考えて、考える』講談社（２０２１）
増田ユリヤ『世界を救う mRNA ワクチンの開発者カタリン・カリコ』ポプラ新書（２０２１）
中嶋彰『早すぎた男　南部陽一郎物語』講談社（２０２１）

山口周『思考のコンパス』ＰＨＰビジネス新書（２０２１）
五来重『日本人の死生観』講談社学術文庫（２０２１）
浜崎洋介『小林秀雄の「人生」論』ＮＨＫ出版新書（２０２１）
マシュー・サイド『多様性の科学』Discover 21（２０２１）
澤田純『パラコンシステント・ワールド』ＮＴＴ出版（２０２１）
若松英輔『沈黙のちから』亜紀書房（２０２１）
高橋祥子『生命科学的思考』News Picks パブリッシング（２０２１）
ヤン・ルカン『ディープラーニング　学習する機械』講談社（２０２１）
亀井静香『永田町動物園』講談社（２０２１）
斎藤成也他『図解人類の進化』講談社（２０２１）
長谷川櫂『俳句と人間』岩波新書（２０２２）
紺野大地、池谷祐二『脳と人工知能をつないだら、人間の能力はどこまで拡張できるのか』講談社（２０２１）
金重明『世界は「e」でできている』BLUE BACKS（２０２１）
田坂広志『なぜ、我々はマネジメントの道を歩むのか』ＰＨＰ新書（２０２２）
寺島実郎『人間と宗教あるいは日本人の心の基軸』岩波書店（２０２１）
村上陽一郎『エリートと教養』中公新書ラクレ（２０２２）
先崎彰容『国家の尊厳』新潮新書（２０２１）
戸谷洋志『ハイデガー「存在と時間」』ＮＨＫテキスト（２０２２）
高橋宏知『生命知能と人工知能』講談社（２０２２）
亀山郁夫『集中講義ドストエフスキー　五大長編を解読する』ＮＨＫ出版（２０２２）
占部賢志『文士　小林秀雄』致知出版社（２０２２）
中村昇『ベルクソン＝時間と空間の哲学』講談社選書メチエ（２０１４）
小林雅一『ゼロからわかる量子コンピュータ』講談社現代新書（２０２２）

佐伯啓思『さらば、欲望』幻冬舎新書（２０２２）
畑村洋太郎『新失敗学』講談社（２０２２）
野中郁次郎『『失敗の本質』を語る、なぜ戦史に学ぶのか』日経プレミアシリーズ（２０２２）
トーマス・グリタ、テッド・マン『ＧＥ帝国盛衰記』ダイヤモンド社（２０２２）
小野善康『資本主義の方程式』中公新書（２０２２）
ヘンリー・キッシンジャー、エリック・シュミット、ダニエル・ハッテンロッカー『ＡＩと人類』日本経済新聞出版（２０２２）
真鍋淑郎、アンソニー・Ｊ・ブロッコリー『地球温暖化はなぜ起こるのか』BLUEBACKS（２０２２）
小林亮太、篠本滋『ＡＩ新世』文春新書（２０２２）
フランク・ウィルチェック『すべては量子でできている』筑摩選書（２０２２）
イアン・ブレマー『危機の地政学』日本経済新聞出版（２０２２）
深沢眞二『芭蕉の遊び』岩波新書（２０２２）
吉田伸夫『量子で読み解く生命・宇宙・時間』幻冬舎新書（２０２２）
藤尾秀昭『人間における運とツキの法則』致知出版社（２０２２）
稲盛和夫『稲盛和夫一日一言』致知出版社（２０２１）
ヘンリー・キッシンジャー『国際秩序　上下』日経ビジネス人文庫（２０２２）
北村周平『民主主義の経済学』日経ＢＰ（２０２２）
村松大輔『現象が一変する「量子力学的」パラレルワールドの法則』サンマーク出版（２０２２）
田坂広志『死は存在しない』光文社新書（２０２２）
西垣通『超デジタル社会』岩波新書（２０２３）
宮崎哲弥『教養としての上級語彙』新潮選書（２０２２）
野口悠紀雄『２０４０年の日本』幻冬舎新書（２０２３）
ＮＨＫ「あの人に会いたい」制作班『道をひらく言葉』ＮＨＫ出版新書（２０２３）

ＮＨＫ出版編『サラリーマン川柳　にんじょう傑作選』ＮＨＫ出版（２０２２）
エマニエル・トッド他『２０３５年の世界地図』朝日新書（２０２３）
小林祐児『リスキリングは経営課題』光文社新書（２０２３）
上田俊成『熱誠の人　吉田松陰語録に学ぶ人間力を高める生き方』致知出版社（２０２３）
村上洋一『「スピン」とは何か』BLUE BACKS（２０２２）
若松英輔『新約聖書　福音書』ＮＨＫテキスト（２０２３）
栗山英樹『栗山ノート』光文社（２０１９）
ＡＩ『ＡＩが書いたＡＩについての本』フローラル出版（２０２３）
広井良典『科学と資本主義の未来』東洋経済新報社（２０２３）
斎藤幸平『ヘーゲル「精神現象学」』ＮＨＫテキスト（２０２３）
桂幹『日本の電機産業はなぜ凋落したのか』集英社新書（２０２３）
山内昌之『歴史を知る読書』ＰＨＰ新書（２０２３）
今井むつみ、秋田喜美『言語の本質』中公新書（２０２３）
齋藤孝『心を軽やかにする小林一茶名句百選』致知出版社（２０２３）
郡司ペギオ幸夫『創造性はどこからやってくるか』ちくま新書（２０２３）
田坂広志『教養を磨く』光文社新書（２０２３）
ユヴァル・ノア・ハラリ『サピエンス全史』河出書房新社（２０１６）
坂村真民『坂村真民一日一言』致知出版社（２００６）
エーリッヒ・フロム『自由からの逃走』東京創元社（１９５２）
ヴィクトール・Ｅ・フランクル『夜と霧』みすず書房（２００２）
夏目漱石『夢十夜』筑摩書房（１９８８）
鈴木大拙『禅と日本文化』岩波書店（１９６４）
フョードル・ミハイロヴィチ・ドストエフスキー『カラマーゾフの兄弟』講談社（２０１８）

折原浩『危機における人間と学問』未來社（１９６９）
小林秀雄『無私の精神』文藝春秋（１９８５）
美智子『橋を架ける』文藝文庫（２００９）
小林秀雄『小林秀雄全作品〈1〉様々なる意匠』新潮社（２００２）

人名索引

あ行

か行

さ行

た行

な行

は行

ま行

や行

ら行

わ行

事項索引

あ行

か行

さ行

た行

な行

著者略歴

武田英次（たけだ・えいじ）

１９４９年生まれ。東京電機大学客員教授。東京大学非常勤講師。東京大学工学部物理工学科修士課程終了。工学博士。日立製作所中央研究所所長、日立製作所情報・通信グループＣＯＯ兼エンタープライズサーバ事業部事業部長、日立超ＬＳＩシステムズ取締役社長、日立製作所執行役常務研究開発本部長、日立総合計画研究所研究顧問等を経て現職。

１９８３年英国ケンブリッジ大学に客員研究員として留学。２００１年から上海交通大学顧問教授。専門は半導体エレクトロニクス。

著書に『ホットキャリヤ効果』日経ＢＰ（１９８７）、「Hot-Carrier Effects in MOS Devices」Academic Press（1994）、「Hot Carrier Design Considerations for MOS Devices and Circuits」(Chapter 3) Van Nostrand Reinhold（1992）、「VLSI reliability: Hot-carrier, Dielectrics, and Metallization」Physics World magazine（1993）、『21世紀の展望と技術経営』（11章）丸善（２００９）、『モノづくり知のすすめ』（２０１０）、『研究マネージメント』（２０１２）、「知謝塾」（２０１９）丸善プラネット等。

IEEE（米国電気電子学会）Life フェロー、IEEE Cledo Brunetti Award 受賞。第10回応用物理学会業績賞受賞。第33回市村産業賞 貢献賞受賞。Program Chairman of the Symposium on VLSI Technology（1994-1995）、Conference Chairman of the Symposium on VLSI Technology（2000-2001）. 応用物理学会生涯フェロー、電子通信学会生涯フェロー。２０１２年に「知謝塾」を設立。

知謝塾（Ⅱ）——利他心の涵養

二〇二三年一二月二〇日　発　行

著作者　武　田　英　次

©Eiji Takeda, 2023

発行所　丸善プラネット株式会社
〒一〇一—〇〇五一
東京都千代田区神田神保町二—一七
電話（〇三）三五一二—八五八六
https://maruzenplanet.hondana.jp

発売所　丸善出版株式会社
〒一〇一—〇〇五一
東京都千代田区神田神保町二—一七
電話（〇三）三五一二—三二五六
https://www.maruzen-publishing.co.jp

組版・印刷・製本　藤原印刷株式会社

ISBN 978-4-86345-555-9 C0012